本研究的撰写和出版得到了河南省高等学校青年骨干教师培养计划"基于 GIS 的河南省制造业空间集聚及产业转型升级问题研究"（2020GGJS114）、河南省软科学项目"空间视野下以数字化新动能推动河南省制造业高质量发展问题研究"（232400410299）、河南省高校青年哲学社会科学创新人才支持计划（2024-CXRC-11）、河南财经政法大学华贸金融研究院2021年度项目"高质量发展视域下中国制造业动能转换机制与转型升级路径研究"的支持

河南财经政法大学 | 数字经济系列丛书

空间视野下的数字赋能、产业集聚与经济高质量发展：理论与实践

王春晖 ◎ 著

中国财经出版传媒集团

经济科学出版社
Economic Science Press

·北 京·

图书在版编目（CIP）数据

空间视野下的数字赋能、产业集聚与经济高质量发展：
理论与实践／王春晖著．－－北京：经济科学出版社，
2023.11

（河南财经政法大学数字经济系列丛书）
ISBN 978－7－5218－4248－7

Ⅰ.①空…　Ⅱ.①王…　Ⅲ.①数字技术-应用-区域
经济发展-产业发展-研究-中国②数字技术-应用-产
业集群-研究-中国　Ⅳ.①F127－39②F269.23－39

中国版本图书馆 CIP 数据核字（2022）第 212966 号

责任编辑：王柳松
责任校对：齐　杰
责任印制：邱　天

空间视野下的数字赋能、产业集聚与经济高质量发展：理论与实践
王春晖　著
经济科学出版社出版、发行　新华书店经销
社址：北京市海淀区阜成路甲 28 号　邮编：100142
总编部电话：010-88191217　发行部电话：010-88191522
网址：www. esp. com. cn
电子邮箱：esp@ esp. com. cn
天猫网店：经济科学出版社旗舰店
网址：http://jjkxcbs. tmall. com
固安华明印业有限公司印装
710×1000　16 开　10.5 印张　160000 字
2023 年 11 月第 1 版　2023 年 11 月第 1 次印刷
ISBN 978－7－5218－4248－7　定价：49.00 元
（图书出现印装问题，本社负责调换。电话：010－88191545）
（版权所有　侵权必究　打击盗版　举报热线：010－88191661
QQ：2242791300　营销中心电话：010－88191537
电子邮箱：dbts@ esp. com. cn）

目录 contents

1 引　言

纵观发达国家的发展史，工业化作为一国经济发展的缩影，是伴随生产力水平发展到一定阶段进而完成经济飞跃的必由之路。20世纪伊始，随着国际贸易及价值链体系的不断发展，世界产业分工格局不断调整，使得西方发达国家实现了现代工业生产体系的不断演进（Rostow，1962；Chenery，1969；Kojima，1987）。西方发达国家的工业化经验揭示了资源消耗、环境污染、发展不可持续等是每个正处于工业化进程中的经济体难以逾越的发展瓶颈（Kuznets，1955；Eskeland and Harrison，2003；Cole et al.，2004；Dinda，2004；林伯强和蒋竺均，2009；苏梽芳等，2011）。在数字化变革席卷全球的当下，聚焦于探寻实现数字赋能中国新型工业化的发展路径，对实现经济社会高质量发展具有重要的现实意义。

1.1　选题背景与选题意义

作为世界上最大的发展中国家，中国的工业化道路面临资源与环境约束的双重发展压力。随着中国经济发展步入新常态，在宏观经济缓慢发展的大背景下，中国产业空心化及传统工业产业过剩问题不断凸显（林毅夫等，2010；韩国高等，2011；江飞涛等，2012；胡立君等，

2013）。另外，当今世界以大数据、云计算、区块链等为代表的数字技术迅猛发展，全球数字经济迎来重大发展机遇期（李娟和刘爱峰，2022）。走新型工业化道路以实现中国经济的高质量发展，势必要诉诸于数字经济这一新动能的支撑。

从"创新、协调、绿色、开放、共享"出发，围绕数字引领、创新驱动、质量为先、绿色发展、结构优化、人才为本的制造业发展理念，积极探索并论证、梳理中国新型工业化发展路径选择，具有重要的理论意义与实践价值。

纵观中外文既有研究文献，发现存在两个较为明显的不足之处：一是围绕产业集聚—协同集聚的实证研究大多聚焦于分类测度层面，且大多忽略了区域层面、行业层面、企业层面的异质性现实特征。既有研究对于集聚的产业绩效提升效应以及创新效应的理论刻画和机理梳理存在明显缺失和不足，且聚焦于中国产业层面及企业层面的实证研究更是不成体系；二是当前在中国经济进入新常态，传统工业产能普遍过剩的现实背景下，各地区工业化发展仍然未形成全局性、协同性的产业发展观。强调空间异质性视角，在于积极探索并寻求适合中国各地区差异化的新型工业化发展路径。因此，如何运用空间经济学前沿分析方法系统性刻画和梳理新常态下的中国新型工业化异质性发展路径框架及其实现机制，存在巨大的创新空间。

本书的价值有两点：一是理论层面，即在空间经济学与产业经济学两个经济学分支交叉处求得理论上的创新，构建新的模型，维纳布尔斯（Venables，1996）、安德森等（Andersson et al.，2006）在这方面开展的基础性研究，可资借鉴；二是现实政策层面，研究这一论题对于促进中国新型工业化、信息化、城镇化、农业现代化同步发展具有政策指导意义。在数字经济发展的背景下，本书从空间经济学异质性视角切入，梳理中国新型工业化路径及模式、机理，结合中国各地区区域发展的政策实践，有针对性地提出理论思考、实证检验和政策分析。

1.2　研　究　视　角

空间经济学是综合运用区域经济学、国际贸易学、新经济地理学（new economic geography，NEG）等理论的一门经济学分支学科。空间经济学进一步弥补了新古典经济学缺乏空间概念的理论分析方法，为众多经济学理论命题打开了全新的研究视野。针对新型工业化问题的研究，传统经济学文献非常丰富。纵观发达国家经济史，支撑一国经济"起飞"（take off）的动力无疑是伴随着生产力水平发展到一定阶段的快速工业化。进一步考察一国工业化进程最具代表性的切入点，当属考察制造业的发展（Boulhol，Fontagne，2006）。[①] 1980 年以来，制造业对于支撑一国经济快速增长的重要作用，已成为发展经济学的普遍共识。[②③④]制造业对于支撑一国工业化的核心地位不容小觑。

改革开放以来，中国正是依靠制造业的快速发展，迅速完成了从传统农业国家向现代化工业大国的历史转折，并创造了"中国奇迹"。[⑤⑥] 2010 年以来，随着中国经济发展面临的环境与资源双重压力的日渐显现，尤其是在 2020 年全球经济低迷的大环境下，中国人口红利式微，制造业成本提高，制造业外流现象频现，制造业产值比重、出口比重及其生产率呈"三连降"趋势。[⑦⑧] 中国经济高质量发展对制造业高质量发展的依赖性较

---

① Boulhol H. , L. Fontagné. Deindustrialisation and the Fear of Relocations in the Industry ［J］. Working Papers, 2008, 67（1）：13-30.

② 郭克莎. 第三产业的结构优化与高效发展（上）［J］. 财贸经济, 2000（11）：5.

③ 黄群慧. 中国的工业化进程：阶段、特征与前景 ［J］. 经济与管理, 2013（7）：5.

④ 黄群慧, 贺俊. "第三次工业革命"与"制造业服务化"背景下的中国工业化进程 ［J］. 全球化, 2013（1）：8.

⑤ 陈佳贵, 黄群慧. 我国基本经济国情已从农业大国转为工业大国 ［J］. 经济学动态, 2005（5）：4.

⑥ 林毅夫, 姚洋. 中国奇迹：回顾与展望 ［M］. 北京：北京大学出版社, 2006.

⑦ 蔡昉. 生产率、新动能与制造业——中国经济如何提高资源重新配置效率 ［J］. 中国工业经济, 2021（5）：14.

⑧ 郭克莎, 彭继宗. 制造业在中国新发展阶段的战略地位和作用 ［J］. 中国社会科学, 2021（5）：23.

强，制造业增速和比重持续下降，必定会对经济高质量发展形成制约。

党的十九届五中全会强调，加快发展现代产业体系，推动经济体系优化升级。坚持把发展经济着力点放在实体经济上，坚定不移建设制造强国、质量强国、网络强国、数字中国，推进产业基础高级化、产业链现代化，提高经济质量效益和核心竞争力。[①] 制造业转型升级对支撑未来中国经济实现高质量发展意义重大。

"十四五"时期，从数字经济赋能制造业优化升级的机制切入探讨中国新型工业化的路径选择问题，其理论意义深远，也具有实践价值。越来越多的文献，聚焦于数字经济对制造业高质量发展的影响机制研究。如，基于人力资本、创业活动以及产业升级角度，分析数字经济对制造业高质量发展的影响机制；[②] 从区域层面入手，有学者认为，数字经济与制造业高质量发展的空间差异，是全面提升数字经济与制造业融合发展的关键；[③] 基于长三角地区，从城市群视角构建数字经济和制造业转型升级动态变化的理论框架，刻画数字经济和制造业转型升级的影响机制[④]以及基于中国的部分省（区、市）的面板数据，实证考察数字经济对制造业高质量发展的区域异质性影响。[⑤]

针对新型工业化问题的研究，大多围绕三个视点展开：一是聚焦于一国工业发展特定阶段的探讨（Grabowski，2003；Watanabe and Tanaka，2007；Zhou，2009；王小鲁等，2009）；二是聚焦于一国三次产业结构及工业行业内部结构调整层面的探讨（Kaplinsky and Readman，

---

① 党的十九届五中全会公报，https：//www. gov. cn/xinwen/2020 – 10/29/content_5555877. htm。

② 惠宁，杨昕. 数字经济驱动与中国制造业高质量发展 [J]. 陕西师范大学学报（哲学社会科学版），2022，51（1）：15.

③ 赵放，刘一腾. 我国数字经济发展及其与制造业融合发展的空间差异研究 [J]. 贵州社会科学，2022（2）：144.

④ 廖信林，杨正源. 数字经济赋能长三角地区制造业转型升级的效应测度与实现路径 [J]. 华东经济管理，2021，35（6）：9.

⑤ 韦庄禹，李毅婷，武可栋. 数字经济能否促进制造业高质量发展？——基于省际面板数据的实证分析 [J]. 武汉金融，2021（3）：9.

2000；Marrocu et al.，2013；Humphrey and Schmitz，2002；Ernst，2004；Gereffi，2009；吴崇伯，1988；刘志彪，2000）；三是聚焦于从全球价值链（GVC）层级攀升的角度，探讨工业化发展路径（Gereffi et al.，2001；张少军和刘志彪，2009）。针对这一论题的研究，还可以借助空间经济学的异质性视点。若沿着空间集聚视点（agglomeration）进行考察，无论是在区域层面、行业层面或是在企业层面，都存在空间异质性特征（Baldwin，2005；殷德生等，2011；赵伟和隋月红，2015）。不同产业集聚地区内的异质性企业之间，会通过竞争及各种"溢出"机制（spill-over）不断促进地区产业绩效尤其是制造业产业绩效的提升，而其内在作用机制不尽相同。具体而言，一是以克鲁格曼（Krugman）、藤田（Fujita）等为代表的新经济地理学（new economic geography，NEG）在垄断竞争分析框架下，通过构建核心—外围模型（core-periphery model，C－P）刻画了以贸易成本为核心变量的两地区工业为核心、农业为外围的空间布局演化机制，因为工业企业扎堆布局形成核心是一种市场选择的自发行为，所以，C－P模型便暗含了空间集聚的地区产业绩效提升效应；二是埃里森和格莱塞（Ellison and Glaeser，1997）提出多产业协同集聚（coagglomeration）的概念，大量文献聚焦于协同集聚的知识溢出机制的理论研究及实证研究（Fitzgerald and Hallak，2004；Duranton and Puga，2013），而迄今鲜有从空间集聚视角考察不同集聚类型（集聚—协同集聚视角）对产业集聚创新驱动效应的研究。本书主旨在于，从空间经济学的异质性视点切入，通过对产业集聚的地区产业（制造业）绩效提升、创新驱动、结构优化等差异化效应分别进行模型刻画和机理梳理，并运用中国的数据加以验证，提出空间经济学视点下，中国新型工业化异质性发展路径的内在机制，并在此基础上给出相关政策建议。

本书涉及的文献，大体上可归纳为三个线索。

一是对外开放—产业集聚线索。

既有文献对产业集聚的研究大多是以运输成本（贸易成本）为出发点，正如新经济地理学的C－P模型是从离心力与向心力的角度探讨产业集聚，这个模型中离心力代表贸易成本（Henderson，1972，1985；Krugman，1991；Venables，1994）。针对这一线索的实证研究，大多基于宏观行业层面以及微观企业层面，验证了开放经济引致的区域经济一体化（regional integration）对于地区产业集聚的促进作用（Crozet et al.，2004；Fujita et al.，2005；范剑勇，2005；赵伟和张萃，2007）。与西方发达国家的经济现实不同，中国的区域开放具有特殊性，即各地区的对内开放程度与对外开放程度存在较大差异（范剑勇，2006；张萃和赵伟，2009a，2009b，2010），聚焦这一线索的中文文献包括钟昌标（2004）、赵伟和郑雯雯（2011）、赵伟和王春晖（2013）、王春晖和赵伟（2014）。

二是产业集聚—产业绩效线索。

产业集聚作为企业扎堆布局的现象，体现了多种生产要素的地理性集中。这一线索的最初研究，可以追溯到马歇尔（Marshall，1890）关于地方化工业的探讨。后续研究则细化了马歇尔（1890）的研究，将产业集聚的向心力描述为生产要素的"滚雪球"效应，即产业集聚带来生产要素大量积累，而新厂商需要专业化、多样化的生产要素选择集聚，因此，新的生产要素受到高要素报酬及工作匹配度的激励向集聚区流动，这种生产要素的积累效应又会不断吸引新厂商的集聚（Fujita and Thisse，1996；Guimaraes et al.，2000）。集聚地区要素积累效应的存在，对地区产业绩效的不断提升具有积极的内在影响（Limam and Miller，2004；Gennaioli et al.，2013；Turner et al.，2013；连玉君，2003；王春晖，2015）。

三是协同集聚—产业创新线索。

对集聚产业创新效应的研究，较早可追溯到奥德斯和费尔德曼（Audretsch and Feldman，1996）。该文献使用美国的现实数据开展实证研究，证实这些产业创新活动在地理上具有集中特征，并发现知识溢出效应显著的产业更具创新倾向。后续研究则认为，过去十年聚焦创新的研究最大的突破在于，将地理因素纳入研究框架，传统知识生产函数认为，知识投入会推动创新产出，除此之外，企业的边界集聚和空间集聚同样影响创新产出（Asheim and Isaksen，1997；Feldman and Audretsch，1999；Audretsch and Feldman，2004；Ronde and Hussler，2005）。这一线索下的新经济地理学经典理论研究，利用微观层面模型刻画和解释多样化文化、异质性的劳动力匹配对于知识创造（创新产出）的积极影响（Berliant et al.，2006；Berliant and Fujita，2006，2010，2012）。针对这一线索的实证研究，大多揭示了多样性产业的协同集聚所具有的产业创新效应（Nathan and Lee，2011；Beule and Beveren，2011；Parrotta et al.，2012；Tavassoli and Carbonara，2013）。针对中国的实证研究普遍认为，过去 40 余年，中国制造业虽然凭借比较优势以低附加值环节嵌入全球价值链（GVC）并迅速扩张，但是，"量"的扩张并未带来"质"的转变和竞争力提升。尤其是近年来，中国经济增速放缓、全要素生产率波动、产业结构升级缓慢，这些与制造业增速大幅下降关系密切。[1][2][3][4] 通过动能转换以赋能制造业转型升级成为该研究线索的焦点：代表性研究或着眼于理论界定新动能的内涵（黄少安，2017；金培，2018；陈昌兵，2018），或以制造业全要素生产率（TFP）因子分解为基础测算新动能指数（郑江淮等，2018），或以 Acemoglu 资本深化模型以及 Baumol 技术进步模型等理论为基础，探讨人力资本积累、微观企业的技术进步及纠正市场资源错配机制，提升 TFP 并实现制造业转型升级（王春晖，2019；黄少安，2017；蔡昉，2021）。

---

① 徐振鑫，莫长炜，陈其林. 制造业服务化：我国制造业升级的一个现实性选择［J］. 经济学家，2016（9）：9.
② 王颂吉，魏后凯. 城乡融合发展视角下的乡村振兴战略：提出背景与内在逻辑［J］. 农村经济，2019（1）：7.
③ 贺灿飞，王文宇，郭琪. 中国工业地理学的传承发展与转型［J］. 地理学报，2021，76（8）：20.
④ 郭克莎，彭继宗. 二三产业结构变动与经济发展质量——上中等收入阶段向高收入阶段演进的国际经验［J］. 国民经济管理，2022（12）：19.

1.3 研究方法与研究框架

本书的研究框架，如图 1-1 所示。

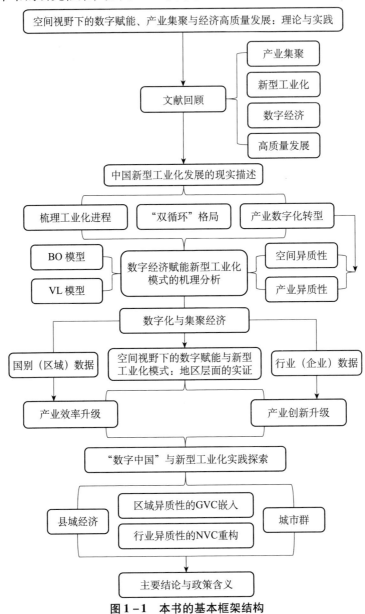

图 1-1 本书的基本框架结构

资料来源：笔者绘制。

第 1 章，引言，首先，从空间经济学异质性视野切入，厘清中国各地区产业集聚的不同类型，并对其区位开放度、行业开放度、地区开放度等指标加以分类对比；其次，根据新型工业化发展内涵的不同，刻画并梳理出集聚对于新型工业化异质性路径选择的理论模型和内在机理；再次，运用中国分地区、分行业以及典型地区层面、典型行业企业层面的现实数据，对其理论模型进行实证检验，以期分类寻找适用于不同特征的地区的新型工业化路径；最后，提出相关可行的政策咨询建议。

本书的方法论基于两个经济学分支的"对接"提出，即将空间经济学的规范分析与产业经济学的实证与案例分析对接。具体的研究方法有三种：其一，规范的经济学分析，其中，既有理论推断，又有模型分析和计量经济学分析；其二，比较研究，主要围绕空间异质性视点，针对中国东部地区、中部地区、西部地区三大区域以及两大三角洲核心城市群、南方地区、北方地区区域之间的空间比较；其三，实证研究通过定量分析与案例分析相结合的方法，探寻中国各地区的新型工业化路径，结合中国典型区域、典型行业样本进行实证分析。

第 2 章，文献回顾，着重梳理数字经济背景下中国产业集聚、新型工业化、数字经济与高质量发展的逻辑关系，以期探寻、引领和支撑未来中国新型工业化发展的理论依据。

第 3 章，中国新型工业化发展的现实描述：一个空间视野，从中国工业化的现实数据着手，在对中国工业化进程进行阶段性分析的基础上，系统描述中国区域维度和产业维度的工业化发展现实，以期为后续的路径研究打好现实基础。

第 4 章，数字经济赋能新型工业化模式的机理分析，旨在通过借鉴并进一步发展空间经济学基本模型，以梳理和构建中国新型工业化异质性路径选择的机理和统一研究框架，并提出若干理论命题以待后文检验。

第 5 章，空间视野下产业数字化转型路径研究：地区层面的实证，从相关命题的理论分析出发，运用国别维度、区域维度及产业维度的面板数据对若干理论命题进行实证检验，以期探寻未来中国新型工业化如何支撑经济高质量发展的实践路径。

第 6 章，数字中国与新型工业化实践探索，在理论分析和实证检验的基础上，回顾中国"十三五"时期区域发展战略实践，尝试性地将理论研究与政策实践进行对接分析，并通过解读国家"十四五"规划中的区域发展战略，提出中国如何在构建"双循环"的新发展理念指引下走出一条适合中国国情的新型工业化路径。

第 7 章，主要结论与政策含义，在数字经济蓬勃发展的背景下，系统性梳理并提出具有区域异质性特征的中国产业发展若干模式，并尝试归纳中国区域经济高质量发展的可行政策。

1.4　主要创新点与不足

本书旨在从空间视角切入，在新经济地理学（NEG）分析范式下建立产业集聚与中国新型工业化发展路径的理论模型，通过梳理其内在作用机制以构建完整的理论分析框架，并结合中国工业化的区域异质性特征、行业异质性特征、企业异质性特征开展实证研究，以期为中国各地区选择适合的新型工业化发展路径提供政策建议。

本书的基本观点在于，根据中国新型工业化的内涵及其发展要求，针对区位、产业等异质性的现实特征，选择适合其差异化发展的路径：强调创新发展，以更好地提升中国制造在全球价值链中的地位；强调协调发展，以更好地实现全国各地区差异化工业发展路径的选择与实践；强调绿色发展，以更好地践行新型工业化的低碳环保发展理念；强调开放发展，以更好地促进产业集聚发展，推动工业化顺利转型；强调共享发展，以更好地促进全国各地区在新型工业化的差异化发展道路上共享发展成果。

本书的重点在于，梳理产业集聚与新型工业化的异质性路径机理。具体而言，在新经济地理学的垄断竞争分析框架下，基于异质性视角，构建、梳理不同集聚类型对不同新型工业化路径内涵的理论模型及作用机理。在此基础上，针对中国各地区的异质性特征展开实证研究，分别探寻并归纳适用于本地区新型工业化发展的选择路径。

因此，本书创作中有三个难点：其一，从空间异质性视角，将产业集聚与新型工业化路径对接属于新的尝试，迄今未有先例，且要在新经济地理学分析框架下构建规范的经济学模型难度较大；其二，紧扣新型工业化的内涵，规范化地界定并提出可量化的评价指标与测度指标，也属于一种新的尝试，而将区域异质性指标、行业异质性指标、企业异质性指标进行合乎逻辑的归纳分类，也是一大挑战；其三，实证研究所需的各区域层面、行业层面乃至企业层面的基础数据，需要进行收集和分类整理。

本书的不足之处有两点：一是在构建空间经济学模型时，既有文献未能从微观企业层面进行设定和构建；二是在进行实证分析时，工业企业数据库的相关数据缺失，本书实证研究大多采用了区域层面及产业层面的数据进行计量分析。

2 文献回顾

2.1 产业集聚理论综述

集聚是空间经济学的一个重要关键词，刻画了经济活动在某一空间的集中现象（赵伟，2017）。在宏观层面可以认为，集聚是国际贸易繁荣与经济一体化格局的形成与演化，表现为一种世界层面的核心—外围格局；在中观层面或者微观层面上，集聚表现为产业集聚。肖卫东（2013）指出，产业地理集聚的重要来源是分工产生的空间外部性。梁琦和黄利春（2009）指出，产业集聚是指，同一产业在某个特定的地理区域内高度集中，产业要素在空间范围内不断汇聚的过程。在此基础上，樊秀峰和康晓琴（2013）从经济地理学角度切入，将产业活动在地理空间上的集聚现象看作产业集聚。严含和葛伟民（2017）指出，产业集聚于一般是指，同类企业集中在某一区域范围内，强调同一产业内各企业区域分布状况的集中化。张文君（2012）指出，集聚的相关理论一直贯穿产业经济学和区域经济学发展中，并且，许多研究经济增长的经济学家都强调产业集聚在经济增长和技术进步中的重要作用。

经济学研究中的集聚起源于 19 世纪，马歇尔在《经济学原理》(*The Principle of Economics*) 中关于地方化工业的论述中提到了产业集聚现象，通过朴素的语句论述了地方化工业的形成：厂商一旦选择了区位，满足技术要求的劳动力要素便会逐渐集聚在其周围，劳动力集聚实现的知识（技能）信息的小范围传递（后来经济学普遍称为知识溢出效应）会推动其他需求同种劳动力的厂商聚集于此。马歇尔认为，产业集聚的本质是把性质相同的中小厂商集合起来，对生产过程的各个阶段进行专业化分工，从而实现具有巨型企业特征的规模经济（梁军，2005）。地方性产业集中在产业区，即具有分工性质的经济活动在特定区域的产业集聚（史修松，2009），这便是关于产业集聚理论的最早论述。

虽然马歇尔是最早关注产业集聚现象的学者，但是，首次提出产业集聚概念的却是区位论的代表人物阿尔弗雷德·韦伯（Alfred Weber），在其 1909 年出版的《工业区位论》（*Industrial Location Theory*）中对产业集聚进行了较为详细而系统的阐述。阿尔弗雷德·韦伯认为，产业集聚主要是企业的自发行为，从工业区位理论角度阐述了产业集聚形成的两个阶段：一是企业规模扩张而引起产业集中化；二是依靠大企业以完善的组织形式集中于某一地区，并引导更多同类企业集聚，此时，大规模生产的显著经济优势（如规模经济效应）即为有效的地方性集聚效应。阿尔弗雷德·韦伯将产业集聚归结为技术设备、劳动力组织等的不断发展（梁军，2005）。

美国经济学家胡佛（Hoover）在《区域经济学导论》（*An Introduction to Regional Economics*）一书中提出产业集聚最佳规模论。他将集聚经济视为生产区位的一个变量，把企业群落产生的规模经济定义为某产业在特定地区的集聚体形成的规模经济，并指出产业集聚存在最佳规模，如果集聚企业太少，则达不到集聚能产生的最佳效果；如果集聚企业太多，反而会使集聚区的整体效应下降（陆治原，2006）。

1950 年，增长极理论的代表人物帕鲁（Perroux）提出经济空间概念，并将其界定为各种不同经济关系的集合。鲍德威尔在帕鲁的基础上，对增长极的定义进行了补充和延伸，诞生了关于产业集聚的增长极理论。产业集聚的增长极理论认为，在地理空间内，不断增长的产业呈现出强度不同的点状分布特征，把推动型产业嵌入某一地区后，就会产生集聚经济，形成增长中心。1957 年，瑞典经济学家缪尔达尔（Myrdal）提出的基于累积循环因果关系的集聚理论，可以认为是增长极理论的一般化（李君华等，2007）。

新经济地理学认为，产业集聚是由循环累积因果效应引起的（陈建军等，2008），其代表人物克鲁格曼提出，新经济地理学研究地理空间内经济活动发生集聚现象的原因（张萃等，2011）。克鲁格曼（1991）以规模报酬递增、不完全竞争的市场结构为假设前提，通过对空间经济模型的构造和向心力与离心力的分析，解释了经济活动的空间集聚和"中心—外围"空间组织的形成。同时，研究发现，厂商为了降低运输成本、利用规模报酬递增带来的效应，会在一些前后向联系的作用下形成空间集聚，而且，这种空间集聚又会在循环累积因果机制下实现自我强化。克鲁格曼认为，产业集聚是由企业的规模报酬递增、运输成本和生产要素移动通过市场传导的相互作用产生的，产业集聚的产生与贸易成本的高低有关，当贸易成本较高时，才会产生产业集聚现象。

战略管理学派的代表人物迈克尔·波特在 1990 年出版的《论国家的竞争优势》（*The Competitive Advantage of Nations*）一书中，主要从企业竞争力角度论述产业集聚现象，以案例分析进行研究，开创性地提出了产业集群的概念、集聚对规模经济的作用、集聚对要素改变的影响，以及政府的政策作用与集聚经济的关系等。迈克尔·波特对产业集聚问题的研究，主要讨论产业集聚与企业竞争力之间的关系，揭示了产业集聚在企业区位选择中的重要性，成为之后 10 年相关领域的重要参考文献之一。

关于产业集聚理论的外文文献研究起步较早，理论内涵较丰富，且相关理论深入经济学的诸多领域。而中文文献对产业集聚理论研究的起步较晚，20 世纪 90 年代才逐渐展开和深化相关研究，而且，大多数基于国外现有理论，结合中国国情和发展特色进行分析和研究，且实证研究占多数。当然，在这种情况下产生的相关理论，也为中国产业集聚的发展提供了一定依据和支持（李仙娥，2010）。其中，刘洪君和朱顺林

（2010）在共生理论视角下，提出产业集聚具有明显的共生性特征，主要表现在产业间以及集聚区内的融合性、互动性和开放性上。姬军荣（2013）通过引入知识分散理论，提出了产业集聚动因机制的新框架。潘洁云（2014）提出，在空间经济学领域，产业集聚存在最优水平，级差地租是产业集聚产生的首要条件，也会影响产业集聚的最优规模。

2.2　产业集聚与新型工业化

步入 21 世纪，中国正式开启新型工业化历史进程。新型工业化的发展目标是走出一条科技含量高、经济效益好、资源消耗低、环境污染少、人力资源优势得到充分发挥的工业化道路。新型工业化是将传统工业化任务与信息化结合起来的社会发展的演进过程（陈柳钦，2004），与发达国家的工业化道路相比，中国的新型工业化道路是以体制转型为背景、以充分就业为先导、以信息化带动跨越式发展的工业化，要同时完成工业化阶段与经典信息化阶段的双重任务（任保平等，2004）。

在推动新型工业化发展方面，宗颖和刘敏楼（2006）提出，以制造业发展为铺垫带动工业化发展是较为合理的选择。刘春蓉（2015）以广东梅州为例，在理论与实践相结合的基础上，讨论并提出适合后发地区的新型工业化发展路径。

产业集聚是工业化过程中出现的一种新的中间组织形式（蒋媛媛和陈雯，2005），研究产业集聚与新型工业化之间的关系是非常有意义的。邓炜（2003）以南京市各产业为研究对象，提出南京市应优化产业结构和产业布局，利用产业集聚效应提高产业竞争力，推动工业化发展。星梅和攀登（2004）就产业集聚效应在新型工业化发展中起到的积极作用进行了初步探讨。徐维祥等（2005）以产业集群理论为切入点，探讨产业集群与工业化、城镇化的互动发展模式，实证检验产业集群对工业化和城镇化发展的积极影响。雒海潮和刘荣增（2013）在探索河南省"三化"协调发展路径时，指出要以新型工业化为主导，打造产业集聚区。

李静野（2016）在新型工业化视角下，探讨中国的产业园区集聚发展存在的问题，并论证产业园区集聚发展对新型工业化具有较强的引领作用和辐射作用，可以用产业园区集聚发展带动新型工业化的实施和发展。

2.3　数字赋能下的新型工业化模式

世界已进入数字化时代，发展数字经济成为中国把握新一轮科技革命和产业变革新机遇的战略选择。当下经济学研究聚焦于提升产业链、供应链的现代化水平，以数字赋能传统产业升级。由此，要加快数字化发展，激活数据要素潜能，促进数字技术与实体经济深度融合，赋能传统产业转型升级，催生新产业、新业态、新模式，壮大经济发展新引擎，支撑中国经济高质量发展。

聚焦区域经济高质量发展这一重要目标的战略实践，必须实施数字化转型战略，即突出数字化引领作用、撬动作用、赋能作用，壮大数字核心产业，推动传统产业数字化改造，推动先进制造业和现代服务业、数字经济和实体经济深度融合，加快产业基础高级化、产业链现代化发展。因此，在数字产业化与产业数字化齐头并进的新时代，实现"制造"向"智造"转变，加快数字经济和实体经济的深度融合，势必导致传统工业化模式的极大变革。这种变革既体现在传统工业化发展模式上，也体现在工业化进程中的生产要素、生产技术、生产方式等方面。数字经济有利于推动传统要素升级和新要素形成，实现由量的增加到质的提升转变，推动中国工业化发展从传统的要素驱动向创新驱动升级（朱婕，2022）。探讨数字经济赋能新型工业化发展的理论命题，在于当下经济传统动能乏力，必须大力发展数字经济，依靠数字要素红利加快实现要素升级并改善传统要素配置结构，从而驱动中国新型工业化模式不断创新。任保平和李佩（2019）指出，数字经济作为一种全新的经济形态，涵盖了新技术、新要素、新产品、新模式、新业态以及新产业等方面的内涵，是驱动中国经济高质量发展、提高产业链现代化水平，形成高质量增长点的重要力量。必须通过发展数字经济，进一步夯实产业基础能力，促进产业提质增效，增强传统经济发展活力。余东华（2020）指出，经济高质量发展的关键，是构建现代化的经济体系并推动制造业高质量发展，而发展数字经济，整合产业链，推动中国制造业价值链升级和制造业融合发展是实现经济高质量发展的必然选择。

李向阳等（2022）针对中国省域数字经济与高质量发展的实证研究得出结论，数字化程度与经济高质量发展水平具有耦合协调关系，且省域层面的数字经济发展是通过数字产业化、产业数字化以及数字化治理三个维度的内在机制，实现区域产业结构优化升级及高质量发展。潘启东等（2022）的实证研究，聚焦于中国区域层面的数字经济及高质量发展的关系问题，运用2013～2018年中国省级层面的面板数据，采用中介效应模型验证二者的关系。该文献认为，数字经济推动区域产业高质量发展的主要方式是实现产业结构升级，且对数字经济发展具有显著的区域间非均衡特征。相关研究还有张英浩等（2022），使用2011～2018年中国城市面板数据，运用空间杜宾模型和中介效应模型对数字经济与区域经济高质量发展的演变特征进行了实证分析，研究结论不仅证实数字经济水平提升有助于区域经济高质量发展，而且，进一步解释了数字经济发展传导具有明显的空间异质性特征。

数字经济成为赋能传统工业化可持续发展的原动力，推动区域经济可持续发展，也成为众多学者关注的理论焦点。刘文慧等（2022）指出，数字经济的两个核心要素是数字产业化和产业数字化，是一国（地区）产业结构升级的关键因素。李娟和刘爱峰（2022）从理论层面梳理数字经济促进区域经济增长、结构优化、创新驱动和效益提升四个维度的经济机制，强调数字经济对扩大供给、刺激需求、降低市场交易费用的内在作用。郭丰等（2022）从微观层面实证探讨数字经济对企业全要素生产率的影响机制及作用机制，运用2011～2019年中国城市数据及A股上市公司数据，证实数字经济可以通过缓解融资约束、提高创新水平和促进企业转型三个机制实现企业全要素生产率提升。

2.4　经济高质量发展的内涵

改革开放以来，中国经济发展质量表现出改善—恶化—再改善的特征（肖周燕，2019），2010 年以来，中国经济逐渐步入高质量发展阶段，推动经济高质量发展，是中国经济未来发展的重要方向，明确经济高质量发展的内涵对相关政策的制定和实施具有一定理论意义。但是，关于经济高质量发展的研究体系尚不完善，社会各界对其内涵的界定角度不尽相同。

高质量发展对于经济学来说是一个挑战，具有丰富性和多维性（金碚，2018）。高质量发展的核心内涵，是供给体系的高质量、高效率和高稳定性。经济高质量发展是公平、效率和可持续发展的集中体现（袁晓玲等，2019）。从目前的研究成果来看，主要可以从以下五个方面来描述经济高质量发展的内涵。

1. 从新发展理念的角度

高质量发展能够充分满足人民在经济、政治、文化、社会、生态等方面日益增长的美好生活需要。① 高质量发展要全面体现"创新、协调、绿色、开放、共享"的新发展理念，即创新成为第一动力、协调成为内生特点、绿色成为普遍形态、开放成为必由之路、共享成为根本目的。

2. 从微观角度、中观角度、宏观角度

经济高质量发展在微观角度主要指产品质量和服务质量，表现为经济效率显著提高，企业以创新为动力，不断提高市场竞争力与经济活力，提高供给质量与供给水平，促进需求结构升级（孙祁祥等，2020）；在中观层面指，产业发展质量和区域发展质量，体现为产业结构不断升级以及区域经济发展的协同性、整体性、开放性和包容性；在宏观层面指，国民经济整体质量和整体效率的显著提升（安淑新，2018），体现

---

① 张军扩. 加快形成推动高质量发展的制度环境［J］. 中国发展观察，2018（1）：4.

为三次产业结构的高端化、技术结构的升级化等（胡敏，2018）。

3. 从狭义角度和广义角度

高质量发展有狭义和广义之分，狭义的高质量发展是指，以产品高质量为主导的生产发展；而广义的高质量发展，应该包括产品生产过程（上中下游生产过程）的高质量发展以及社会再生产过程（生产、流通或交换、分配、消费）的高质量发展，更广泛的，应该包括社会经济生活全过程的高质量发展。

4. 从供求与投入产出的角度

李伟（2018）提出，高质量发展意味着高质量的供给、需求、配置、投入产出、收入分配和经济循环。推动经济高质量发展，要提高商品和服务的供给质量，提高资源配置效率；注重内涵式发展，提高劳动生产率，增强发展的可持续性；推动合理的初次分配和公平的再分配；畅通供需匹配和金融服务实体经济的渠道，确保经济平稳可持续运行。

5. 从解决问题的角度

赵昌文（2017）提出，高质量发展可以通过识别经济社会发展中突出的不平衡、不充分问题来界定。比如，城乡区域发展和收入分配差距较大、风险过度积聚、环境污染严重、创新能力不足等都不是高质量发展的体现；反之，促进共同富裕、防范化解风险、创新驱动和人与自然和谐共生等的发展是高质量发展。

除此之外，赵剑波、史丹和邓洲（2019）从系统平衡观、经济发展观和民生指向观三个视角，理解高质量发展的内涵。从系统平衡观来看，高质量发展具有系统性和全面性，不是简单的经济总量和物质财富数量的增长，而是包括经济、政治、文化、社会、生态等方面的全面提升；从经济发展观来看，经济高质量发展包括，经济增长结构优化、经济运行稳定性以及经济增长带来的居民福利水平的变化、资源利用、生态环境代价的大小等，要提升福利水平、提高资源利用效率、降低生态环境代价；从民生指向观来看，经济发展质量高的直观体现是，提供更高质量的产品和服务，在高质量发展中满足人民的美好生活需要。

2.5 本章小结

通过对相关文献的归纳和梳理可以看出，学者们对集聚、新型工业化和经济高质量发展的研究正在逐渐深入。学者们通过研究发现并验证了集聚所产生的效应可以带动新型工业化发展，新型工业化与经济高质量发展之间有密不可分的关系，推动新型工业化发展是实现中国经济高质量发展的重要一步。

虽然距新型工业化的提出已超过 15 年，但既有文献中，涉及新型工业化的研究仍然不多；在中国经济发展由高速增长阶段转向高质量发展阶段，相关研究不成体系（安淑新，2008）。关于经济高质量发展的内涵尚未形成统一体系，学者们从各个角度对其进行解释，国外产业集聚理论的发展脉络较长，而国内相关研究起步较晚，且多以国外理论为基础，关于产业集聚与新型工业化之间的研究不多。既有研究中存在的缺口，也使得本书具有一定理论意义和现实意义。

3 中国新型工业化发展的现实描述：一个空间视野

3.1 工业化进程的阶段性描述

　　按照发展经济学的观点，工业化可以体现在制造业（第二产业）占国内生产总值比重持续上升的过程中，也可以看作第二产业就业规模占全社会就业规模的比重不断上升的过程。图3－1展示了中国三次产业占国内生产总值比重趋势（1992年，2002年，2012年，2022年）。

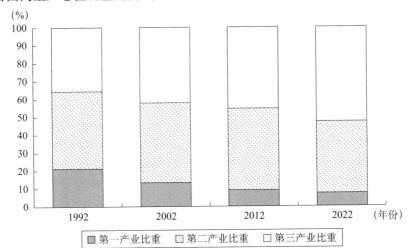

图3－1　中国三次产业占国内生产总值比重趋势（1992年，2002年，2012年，2022年）
资料来源：笔者根据国家统计局数据库的相关数据计算整理绘制而得。

由图 3 - 1 可以看出，改革开放以来，中国的三次产业占国内生产总值比重的变动趋势非常明显，即呈现出第一产业占国内生产总值比重不断下降，第二产业占国内生产总值比重、第三产业占国内生产总值比重总体上不断上升的趋势。1992 年以来，第三产业占国内生产总值比重开始不断增加，并在 2022 年突破 50%，中国的工业化进程迈向更高的发展阶段（任保平，2003；吴敬琏，2005）。

简新华和向琳（2004）认为，工业化道路的选择，主要包括产业选择、技术选择、资本选择、发展方式选择、实现机制以及城市化模式选择等若干方面。通过比较西方发达国家已经完成的传统工业化道路与模式，梳理了中国新型工业化道路的优越性和主要特征。图 3 - 2 展示了中国三次产业贡献率趋势（1992 年，2002 年，2012 年，2022 年）（即三次产业增加值的增量与 GDP 增量之比）。

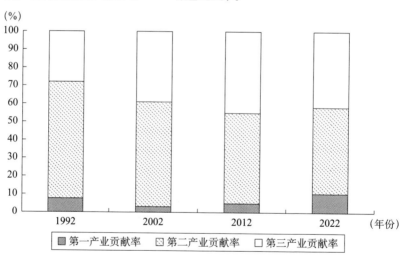

图 3 - 2 中国三次产业贡献率趋势（1992 年，2002 年，2012 年，2022 年）
资料来源：笔者根据国家统计局数据库的相关数据计算整理绘制而得。

由图 3 - 2 可以看出，第三产业增加值对国内生产总值的贡献率逐年增加。进一步地，工业部门作为第二产业核心，考察其贡献率（工业部门增加值占 GDP 增加值的比重）的趋势能够更直观地了解中国工业化进程。中国工业部门贡献率趋势（1978 ~ 2019 年），见图 3 - 3。

如图 3 - 3 所示，20 世纪 80 年代以来，中国工业部门增加值对于 GDP 的拉动作用不断提升，一度达到 60%，初步建立了独立完整的国家工业体系。伴随三次产业结构调整，第三产业比重不断上升，21 世纪以来，工业贡献率呈现明显的下降趋势，工业化从前期阶段迈向中后期阶段（董志凯，2009）。姚聪莉和任保平（2008）认为，改革开放后的 30 年中国工业化经历了从国家主导到市场主导过渡，技术约束和环境约束较为突出。

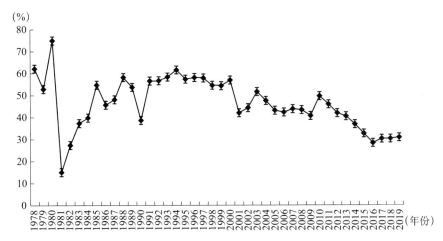

图 3 - 3　中国工业部门贡献率趋势（1978～2019 年）
资料来源：笔者根据 2020 年《中国统计年鉴》的相关数据计算整理绘制而得。

要坚持走中国特色新型工业化道路，坚持扩大国内需求特别是消费需求的方针，促进经济增长由主要依靠投资、出口拉动向依靠消费、投资、出口协调拉动转变，由主要依靠第二产业带动向依靠第一产业、第二产业、第三产业协同带动转变，由主要依靠增加物质资源消耗向主要依靠科技进步、劳动者素质提高、管理创新转变。发展现代产业体系，大力推进信息化与工业化融合，促进工业由大变强，振兴装备制造业，淘汰落后生产能力；提升高新技术产业，发展信息、生物、新材料、航空航天、海洋等产业；发展现代服务业，提高服务业比重和水平；加强基础产业、基础设施建设，加快发展现代能源产业和综合运输体系。确保产品质量和安全。我国的新型工业化实践与西方发达国家工业化实践不同，且符合中国国情，新型工业化要避免西方发达国家先污染后治理、边污染边治理的老路，充分发挥后发优势，充分吸收世界先进经验和先进技术，支撑国民经济快速发展。使用年度能源消耗量与当年工业产值之比，可以衡量一国工业能源消耗强度的变化，数值越大表示同样的工业产值所耗费的能源数量越大。图3-4展示了1990~2019年中国工业能源消耗强度趋势。

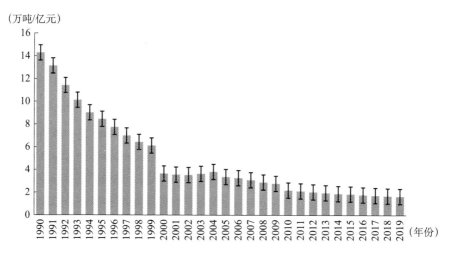

（万吨/亿元）

图3-4　1990~2019年中国工业能源消耗强度趋势

资料来源：笔者根据2020年《中国统计年鉴》的相关数据计算整理绘制而得。

第十二个五年规划实施以来，坚持走中国特色新型工业化道路，适应市场需求变化，根据科技进步新趋势，发挥中国产业在全球经济中的比较优势，发展结构优化、技术先进、清洁安全、附加值高、吸纳就业能力强的现代产业体系。优化结构、改善品种质量、增强产业配套能力、淘汰落后产能，发展先进装备制造业，调整优化原材料工业，改造提升消费品工业，促进制造业由大变强。[①]

2005~2015年中国规模以上工业企业平均利润占资产比重趋势，如图3-5所示，经过"十一五"时期和"十二五"时期，截至2015年

---

① 中国共产党历史系列辞典［M］. 北京：中共党史出版社，党建读物出版社，2019。

末，规模以上工业企业平均利润占当年资产的 6.5%。

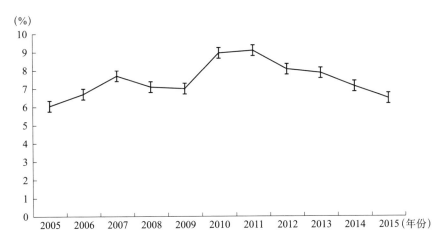

图 3 - 5 2005 ～ 2015 年中国规模以上工业企业平均利润占资产比重趋势
资料来源：笔者根据 2016 年《中国统计年鉴》的相关数据计算整理绘制而得。

进一步地，可以通过考察工业内部细分行业的利润率，比较、分析
2015 年工业部门的利润率及营收情况。2015 年中国规模以上工业细分
行业的利润率及人均主营业务收入，见图 3 - 6，截至 2015 年末，规模
以上工业企业利润率的行业分布呈现较明显的差异性。不考虑烟草制品
业等特殊行业，具有较高利润率的行业主要分布在电力、热力生产和供
应业，汽车制造业，仪器仪表制造业等重化工业及高端技术制造业。传
统的煤炭开采和洗选业、黑色金属矿采选业、非金属矿采选业、其他采
矿业、非金属矿物制品业、有色金属冶炼和压延加工业等工业部门，利
润率明显较低。从细分行业层面而言，中国工业体系内部升级趋势明
显，通过对各细分行业的人均主营业务收入进行比较，具有较高技术水
平工业行业的人均主营业务收入较高，纺织服装等低端制造业的人均主
营业务收入较低。

改革开放 40 余年来，中国的工业化进程伴随着城镇化不断迈向新
的阶段，大量农村剩余劳动力向城市转移，推进中国三次产业结构不断
调整，人均 GDP 突破一万美元，达到中等收入国家水平。全面对外开放

与深化区域开放背景下，社会资本、劳动、技术等生产要素的进一步市场化造成了中国城乡产业格局、区域产业格局的不断调整。任保平（2003）将中国新型工业化的"新"特征总结为五个层面：其一，以信息化带动跨越式发展的工业化；其二，在可持续发展基础上的工业化；其三，以充分就业为先导的工业化；其四，公有制经济和民营经济结合的工业化；其五，以政府主导型市场经济为背景的工业化。因此，走新型工业化道路越发成为中国在坚持对外开放与深化区域开放的历史背景下，充分借助后发优势及"蛙跳"效应，实现"两个一百年"奋斗目标的必然选择。

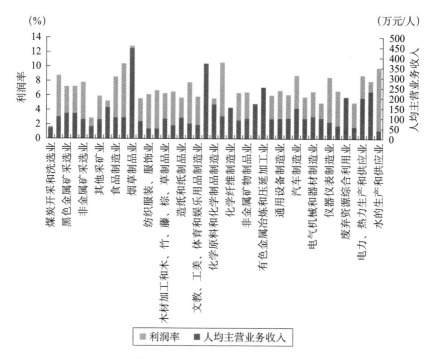

图 3 - 6　2015 年中国规模以上工业行业细分行业的利润率及人均主营业务收入
资料来源：笔者根据 2016 年《中国工业经济统计年鉴》的相关数据整理绘制而得。

快速发展的工业化造成了中国区域发展差距、城乡发展差距的不断扩大，环境问题及资源约束越发成为中国经济持续快速发展的瓶颈。仅从总体层面回顾中国新型工业化发展历程显然是不全面的，原因在于，中国作为一个体量巨大的经济体，总量指标往往会掩盖区域层面、城乡层面、产业层面的现实差距。这也是本书着重引入空间视野来考察中国工业化问题的基本出发点和立足点。新经济地理学和空间经济学及其研究方法的引入为经济学研究提供了一个全新的视角，本书认为考察中国的新型工业化历史，探寻中国区域层面的新型工业化发展路径，空间视野是不可或缺的。

3.2　中国新型工业化的发展现实：异质性视角

3.2.1　空间异质性

异质性视角最初可以追溯到国际贸易学领域。以梅利兹和赫尔普曼（Melitz and Helpman）等为代表的经济学家率先引入企业异质性分析视角，开拓了国际贸易理论。因此，异质性作为解释经济现实的重要视角，受人追捧。中国作为世界第二大经济体，虽然当今国内市场体量巨大，但是仍然存在一些问题：一方面，各区域资源禀赋、产业分布、经济基础存在较为明显的差异；另一方面，区域之间要素流动、市场竞争、开放程度等也存在一定差异。本小节，我们可以通过区域、城乡两个角度比较，探讨中国工业化的空间异质性特征。

通过 2020 年《中国统计年鉴》测算得出，2019 年度各省（区、市）规模以上工业企业平均利润为 0.21 万亿元。比较 2019 年中国的 31 个省（区、市）①规模以上工业企业利润分布情况。中国的 31 个省（区、市）规模以上工业企业利润占均值比重，见图 3 - 7。由图 3 - 7 可以看出，从省域层面来看，以广东为代表的珠江三角洲地区，以江苏、浙江、上海为代表的长三角地区，仍然是中国工业发展的领头羊，

---

① 由于数据可得性，中国的 31 个省（区、市）的数据未包括港澳台地区的数据。

紧随其后的是包括山东、河北、四川等在内的华东地区、华北地区及西南地区，而黑龙江、吉林、辽宁等东北老工业基地以及西北欠发达省（区）的工业发展相对滞后。中国的工业化呈现出明显的区域异质性特征。

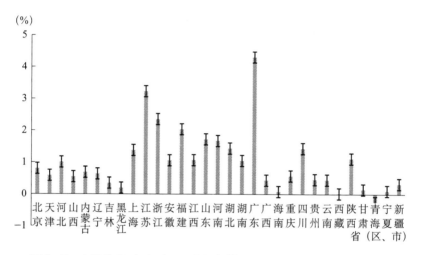

图 3 - 7　中国的 31 个省（区、市）规模以上工业企业利润占均值比重
资料来源：笔者根据 2020 年《中国统计年鉴》的相关数据计算整理绘制而得。

通过计算中国四大区域规模以上工业企业资产、利润、就业规模分布情况，进一步分析中国区域层面的工业化发展现实。中国四大区域规模以上工业企业资产绩效占比情况，如表 3 - 1 所示。从表 3 - 1 可知，截至 2019 年末，无论从资产、利润还是就业规模来看，东部地区都是中国工业化的主要阵地。东部地区规模以上工业企业的资产和就业规模均超过全国总量的 50%，而利润达到全国总量的近一半；中部地区规模以上工业企业资产虽然仅占全国总量的 19%，略低于西部地区的 21%，但其利润水平却高出西部地区 5%，说明西部地区工业企业资产效率不及中部地区；从就业规模角度来看，东部地区吸纳了全国工业企业就业量的一大半，工业发展总体上呈现阶梯状分布的异质性特征。

表 3 - 1　　　　中国四大区域规模以上工业企业资产绩效占比情况　　　单位:%

地区	规模以上工业企业 资产占比	规模以上工业企业 利润占比	规模以上工业企业 就业规模占比
东部地区	54	49	57
中部地区	19	26	23
西部地区	21	21	15
东北地区	6	4	5

资料来源：笔者根据 2020 年《中国统计年鉴》的相关数据计算整理而得。

改革开放以来，特别是 20 世纪 90 年代伊始，东部地区率先对外开放和工业化是造成中国区域发展差距的重要原因（赵伟，2001；范剑勇，2007）。可以通过比较中国四大区域工业增加值所占比重的变动，对比评价各区域工业绩效的发展趋势。以 1999 ~ 2019 年《中国统计年鉴》的相关数据为基础计算四大区域工业增加值比重，可以绘制 1999 ~ 2019 年中国四大区域工业增加值比重变动趋势，见图 3 - 8。

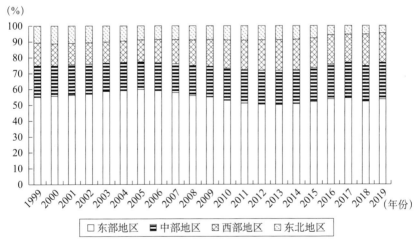

图 3 - 8　1999 ~ 2019 年中国四大区域工业增加值比重变动趋势

资料来源：笔者根据历年《中国统计年鉴》的相关数据计算整理绘制而得。

从图 3 - 8 可以看出，中国东部地区在 20 年的工业化进程中，工业增加值所占比重一直维持在 50% 以上，尤其在 2006 年前后一度达到近 60%，并呈现出先上升、后下降的变动趋势；而中部地区、西部地区工业增加值比重自 2000 年以来呈现先下降、后上升的趋势，该指标在 2010 年以后呈稳步提升态势；东北地区在 20 年间，工业增加值比重则呈现明显下降趋势。

除以上从四大区域层面探讨中国工业化进程中的空间异质性之外，近年来，国内外学者逐渐开始从一个新的视角探讨区域发展差距，即"南北差距"的空间异质性视角。[①] 许宪春等（2021）实证研究发现，2010 年以来，中国的南方地区、北方地区发展差距不断凸显。郑艳婷等（2021）指出，自 2008 年以来，中国的南方地区、北方地区经济增速尤其是制造业发展，由之前的"北快南慢"不断向"南快北慢"转变，中国南方地区、北方地区之间的差距不断扩大。持有相近观点的文献，还有陆铭（2021）、邓忠奇等（2020）。从空间异质性视角考察中国工业化，同样可以借助中国南方地区、北方地区视角进行分析。根据 2020 年《中国统计年鉴》，可以将规模以上工业企业资产、利润及就业规模三个指标按照中国南方地区、北方地区进行分类计算。中国南方地区、北方地区规模以上工业企业资产绩效分布，如表 3 - 2 所示。

表 3 - 2 　中国南方地区、北方地区规模以上工业企业资产绩效分布　单位：%

地区	规模以上工业企业资产占比	规模以上工业企业利润（绩效）占比	规模以上工业企业就业规模占比
南方地区	58	64	69
北方地区	42	36	31

资料来源：笔者根据 2020 年《中国统计年鉴》的相关数据计算整理而得。

从表 3 - 2 可知，截至 2019 年末，中国南方地区、北方地区规模以上工业企业资产、利润及就业规模三个层面，均呈现"南强北弱"的区域特征。

3.2.2　产业异质性

因为工业行业内部细分两位数行业及细分四位数行业种类众多，所

---

① 本书定义以长江为界的南方地区、北方地区。南方地区包括：上海市、江苏省、浙江省、安徽省、福建省、江西省、湖北省、湖南省、广东省、广西壮族自治区、海南省、重庆市、四川省、贵州省、云南省、西藏自治区；北方地区包括：北京市、天津市、河北省、山西省、内蒙古自治区、辽宁省、吉林省、黑龙江省、山东省、河南省、陕西省、甘肃省、青海省、宁夏回族自治区、新疆维吾尔自治区。

以，详细考察中国工业化路径，除了从空间异质性视角切入之外，还需要从产业异质性视角展开。中国工业化进程中除了规模扩张以外，产业是否升级，内部细分产业的发展状况都需要并值得进一步讨论。

首先，总体考察 2019 年中国工业细分行业的规模以上工业企业总体的资产、利润及就业规模的分布情况，计算各两位数工业行业资产、利润及就业规模占比情况，2019 年中国两位数工业细分行业资产占比分布，见图 3－9。2019 年中国两位数工业细分行业利润占比分布，见图 3－10。2019 年中国两位数工业细分行业用工规模占比分布，见图 3－11。

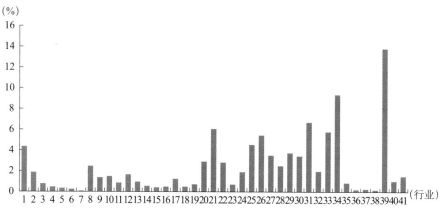

图 3－9　2019 年中国两位数工业细分行业资产占比分布

注：根据 2020 年《中国统计年鉴》的统计口径，上图横轴的 41 个行业分别代表：B06 煤炭开采和洗选业；B07 石油和天然气开采业；B08 黑色金属矿采选业；B09 有色金属矿采选业；B10 非金属矿采选业；B11 开采专业及辅助性活动；B12 其他采矿业；C13 农副食品加工业；C14 食品制造业；C15 酒、饮料和精制茶制造业；C16 烟草制品业；C17 纺织业；C18 纺织服装、服饰业；C19 皮革、毛皮、羽毛及其制品和制鞋业；C20 木材加工和木、竹、藤、棕、草制品业；C21 家具制造业；C22 造纸和纸制品业；C23 印刷和记录媒介复制业；C24 文教、工美、体育和娱乐用品制造业；C25 石油、煤炭及其他燃料加工业；C26 化学原料和化学制品制造业；C27 医药制造业；C28 化学纤维制造业；C29 橡胶和塑料制品业；C30 非金属矿物制品业；C31 黑色金属冶炼和压延加工业；C32 有色金属冶炼和压延加工业；C33 金属制品业；C34 通用设备制造业；C35 专用设备制造业；C36 汽车制造业；C37 铁路、船舶、航空航天和其他运输设备制造业；C38 电气机械和器材制造业；C39 计算机、通信和其他电子设备制造业；C40 仪器仪表制造业；C41 其他制造业；C42 废弃资源综合利用业；C43 金属制品、机械和设备修理业；D44 电力、热力生产和供应业；D45 燃气生产和供应业；D46 水的生产和供应业。

资料来源：笔者根据 2020 年《中国统计年鉴》的相关数据计算整理绘制而得。

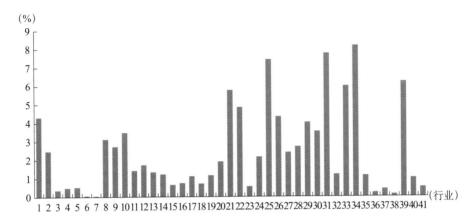

图 3 – 10　2019 年中国两位数工业细分行业利润占比分布

注：同图 3 – 9。

资料来源：笔者根据 2020 年《中国统计年鉴》的相关数据计算整理绘制而得。

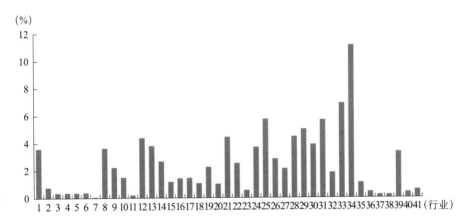

图 3 – 11　2019 年中国两位数工业细分行业用工规模占比分布

注：同图 3 – 9。

资料来源：笔者根据 2020 年《中国统计年鉴》的相关数据计算整理绘制而得。

　　根据图 3 – 9、图 3 – 10 和图 3 – 11，从 2019 年度中国两位数工业细分行业来看，计算机、通信和其他电子设备制造业等行业资产规模位于前列；各工业细分行业的利润情况与资产规模总体呈相同分布趋势，且通用设备制造业等行业的利润占比较高，传统的电气机械和器材制造业等行业利润占比较低，不具有利润优势；从工业用工规模来看，传统能源行业仍然吸纳了较大规模的产业工人，且电气机械和器材制造业、通用设备制造业、计算机、通信和其他电子设备制造业异军突起，成为当前中国工业吸纳就业的主要行业。其中，2019 年，通用设备制造业规模以上工业企业的从业人员占全国工业总就业规模的 11%，这与中国参与国际价值链体系分工的地位相适应。

进一步地，制造业作为一个经济体工业体系的核心构成部分，本章着重从两位数制造业细分行业入手，从产业异质性视角切入考察中国总体层面及区域层面工业化发展的过去和现在。根据 2019 年修订的《国民经济行业分类》（GB/T 4754—2017），本书选取制造业的 31 个两位数细分行业，考察 2019 年度中国总体制造业的资产占比、利润占比、用工规模占比情况。2019 年度中国两位数制造业行业资产占比分布，如图 3 - 12 所示。2019 年度中国两位数制造业行业利润占比分布，如图 3 - 13 所示。2019 年度中国两位数制造业行业就业规模占比分布，如图 3 - 14 所示。

根据图 3 - 12、图 3 - 13 和图 3 - 14 分析可知，就各行业资产占比情况而言，2019 年中国在制造业两位数细分行业中，资产占比最高的三个制造业行业是 C39 计算机、通信和其他电子设备制造业，C36 汽车制造业以及 C26 化学原料和化学制品制造业，资产占比最高的前五个两位数细分行业资产总和占全部制造资产的 40%；就各行业利润情况而言，利润占营收比重最高的三个制造业行业分别是 C15 酒、饮料和精制茶制造业，C27 医药制造业以及 C40 仪器仪表制造业，利润占营收比重超过 9%，高出全行业平均利润率 3%，而对于 C36 汽车制造业、C34 通用设备制造业、C35 专用设备制造业三个典型制造业行业而言，利润率维持在 7% 左右，略高于全行业平均利润率水平；就各行业就业规模分布情况而言，吸纳就业最多的三个制造业行业，分别是 C39 计算机、通信和其他电子设备制造业，C38 电气机械和器材制造业以及 C36 汽车制造业，前五位制造业行业用工规模占制造业总量近 40%。究其原因，除了与具体行业的生产技术和成本相关以外，还与世界市场需求以及中国所处的全球价值链分工体系的位置相关。

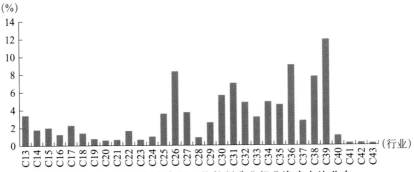

图 3 - 12 2019 年度中国两位数制造业行业资产占比分布

注：根据 2019 年修订版的《国民经济行业分类》（GB/T 4754—2017），制造业所属两位数细分行业代码如下：C13 农副食品加工业；C14 食品制造业；C15 酒、饮料和精制茶制造业；C16 烟草制品业；C17 纺织业；C18 纺织服装、服饰业；C19 皮革、毛皮、羽毛及其制品和制鞋业；C20 木材加工和木、竹、藤、棕、草制品业；C21 家具制造业；C22 造纸和纸制品业；C23 印刷和记录媒介复制业；C24 文教、工美、体育和娱乐用品制造业；C25 石油、煤炭及其他燃料加工业；C26 化学原料和化学制品制造业；C27 医药制造业；C28 化学纤维制造业；C29 橡胶和塑料制品业；C30 非金属矿物制品业；C31 黑色金属冶炼和压延加工业；C32 有色金属冶炼和压延加工业；C33 金属制品业；C34 通用设备制造业；C35 专用设备制造业；C36 汽车制造业；C37 铁路、船舶、航空航天和其他运输设备制造业；C38 电气机械和器材制造业；C39 计算机、通信和其他电子设备制造业；C40 仪器仪表制造业；C41 其他制造业；C42 废弃资源综合利用业；C43 金属制品、机械和设备修理业。本书图表所涉及的行业代码含义相同的，不再重复表述。

资料来源：笔者根据 2020 年《中国工业经济统计年鉴》的相关数据计算整理绘制而得。

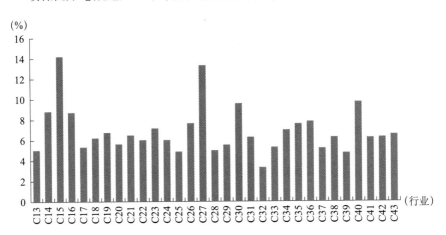

图 3 - 13 2019 年度中国两位数制造业行业利润占比分布

资料来源：笔者根据 2020 年《中国工业经济统计年鉴》的相关数据计算整理绘制而得。

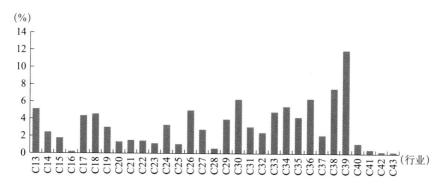

图 3 - 14　2019 年度中国两位数制造业细分行业就业规模占比分布
资料来源：笔者根据 2020 年《中国工业经济统计年鉴》的相关数据计算整理绘制而得。

本书根据以上三个指标分别选取 C26 化学原料和化学制品制造业，C30 非金属矿物制品业，C36 汽车制造业，C38 电气机械和器材制造业，C39 计算机、通信和其他电子设备制造业，C40 仪器仪表制造业共 6 个两位数制造业细分行业，根据历年《中国工业经济统计年鉴》，实证考察中国省域层面和区域层面的制造业发展情况，以期探寻各区域工业化发展的行业异质性特征。2019 年代表性制造业细分行业省域规模统计，如表 3 - 3 所示。

表 3 - 3　　　　2019 年代表性制造业细分行业省域规模统计　　　　单位：%

行业代码	资产规模前六	占比	利润规模前六	占比	就业规模前六	占比
C26	鲁苏粤蒙豫鄂	46.3	苏浙鲁粤沪鄂	70.3	鲁苏粤湘豫浙	50.4
C30	沪苏浙鲁豫粤	78.1	徽闽豫鄂粤川	48.3	苏闽豫湘粤川	48.8
C36	吉沪苏浙鄂粤	53.4	吉沪苏浙鄂粤	66.5	吉沪苏浙鄂粤	52.0
C38	粤沪苏浙徽鲁	67.4	粤苏浙徽闽赣	72.9	粤苏浙徽闽豫	73.4
C39	苏京浙徽粤川	66.7	苏粤浙闽赣京	69.8	苏浙闽赣粤川	71.2
C40	苏浙粤京沪豫	69.5	苏浙粤京沪豫	69.3	苏浙粤沪豫鲁	69.1

资料来源：笔者根据 2020 年《中国工业经济统计年鉴》的相关数据计算整理而得。

根据表 3 - 3 可以看出，六个代表性制造业两位数细分行业中，无论是从资产占比、利润占比还是从用工规模占比来看，省域层面上排名前六位的省（区、市）规模之和均占到全国总量的 50% 以上，制造业布局的非均质特征显著。从点到面地看，目前，中国制造业的核心主要集中在长江三角洲地区、珠江三角洲地区，这些地区处于中国工业化进程的排头兵地位。细分制造业行业在各省（区、市）的分布情况各异，这与各省（区、市）工业基础、资源禀赋、市场开放程度等多方面的因素相关。由此可见，从中国省域层面来看，因为制造业分布呈现出非均质及差异化特征，所以，各区域在探索工业化发展路径时必须考虑区域异质性。

3.3 "双循环"战略下中国区域经济发展的基本格局

随着国际贸易的发展以及全球价值链分工体系的不断完善，世界各国纷纷选择嵌入世界价值链体系，积极参与国际分工。改革开放 40 余年来，中国经济取得了长足发展，跃居世界第二大经济体，成为世界主要发达国家重要的贸易合作伙伴国。一方面，"中国制造"走向世界，为世界市场所认可；另一方面，"得中国市场者得天下"，世界主要发达国家的跨国企业积极拓展对华业务，对中国的广阔市场趋之若鹜。可以说，中国工业化进程伴随着国际企业"走进来"和中国企业"走出去"，即经济学研究中的两个关键词：外商直接投资（foreign direct investment，FDI）与母国直接投资（overseas direct investment，ODI）。

改革开放以来，中国参与国际经济分工与合作，大幅提高了人民生活水平，实现了人均 GDP 突破 1 万美元的既定目标。现阶段，受到西方发达国家单边主义、贸易保护主义抬头，全球化时代重构的影响，依靠原有发展模式无法实现新的目标，必须更好地利用国内超大规模市场的优势，把满足国内需求作为发展的出发点和落脚点，构建"双循环"新发展格局。究其原因，中国拥有全球最完整、规模最大的工业体系，且处于新型工业化、信息化、城镇化、农业现代化的快速发展阶段。构建国内大循环体系，一方面，能够进一步降低中国外向型经济受到国际冲击的风险；另一方面，能够突破国际市场"卡脖子"的关键技术瓶颈，打造完整的产业生态闭环，提高国民经济运行稳定性。

总的来说，改革开放 40 余年来，中国的工业化水平、城镇化水平显著提升。以当年城镇人口占总人口比重作为衡量城镇化率的指标，以当年进出口总额占国内生产总值的比重作为衡量外贸依存度的指标，可以考察 1990～2019 年中国城镇化率及外贸依存度变动趋势，见图 3－15。

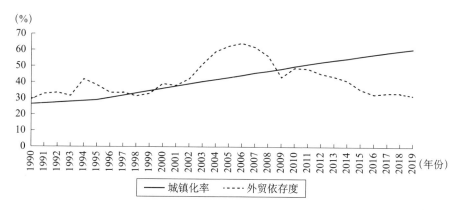

图 3－15 1990～2019 年中国城镇化率及外贸依存度变动趋势
资料来源：笔者根据历年《中国统计年鉴》的相关数据计算整理绘制而得。

根据图 3－15 可以看出，1990～2019 年，中国的城镇化率显著提高，20 年间，中国的外贸依存度增速迅猛，并于 2006 年前后逐渐达到顶峰。可以认为，中国工业化进程伴随着农村人口逐渐向城镇转移，由农业部门流入第二产业部门、第三产业部门，而支撑中国工业化进程的一大市场因素是中国实行对外开放基本国策下，世界市场对中国工业制成品的需求引导。20 世纪 80 年代，中国发展外向型经济促进了工业化的快速发展。2008 年，美国次贷危机引致全球金融动荡，中国政府制定了几轮政策刺激内需以应对国际金融危机，进出口总量减少使中国的外贸依存度逐渐降低。在图 3－15 中，中国的外贸依存度在 2010 年前后迎来拐点，如何进一步拓展国内大市场、提振国内市场需求、补足国内产业链缺失环节、构建完整的国内价值链生态闭环体系，是当时中国新型工业化进程要重点关注的问题。

以工业增加值占 GDP 比重这一指标衡量省域层面工业化。根据历年《中国统计年鉴》的相关数据，可以计算并绘制 2001～2019 年中国四大区域工业化进程趋势，见图 3 - 16。

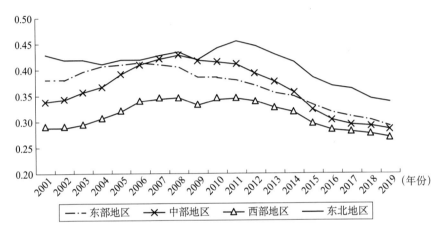

图 3 - 16　2001～2019 年中国四大区域工业化进程趋势

资料来源：笔者根据历年《中国统计年鉴》的相关数据计算整理绘制而得。

根据图 3 - 16 可知，2001～2019 年中国的工业化进程呈现明显的区域特征：一是 2001～2010 年是中国各大区域快速发展的 10 年，东部地区、中部地区、西部地区三大区域工业化进程明显加速，虽然东北地区工业产业绝对值总体位于第一，但工业化乏力，中部地区工业化发展于2006 年前后首次取代东部地区的领先地位，随着东部地区快速城镇化，第三产业占比不断提升，不再是中国工业化的主阵地；二是中国区域层面的工业化自 2010 年迎来金融危机后的复苏阶段，中部地区、西部地区工业发展迎来拐点，而中部地区异军突起，成为中国工业化发展的主要阵地，这与东部地区产业转移和产业升级的发展阶段相匹配；三是2012 年以来，东部地区经济结构快速服务业化，东北老工业基地经济持续衰退，中部地区仍然是中国工业化的主要区域。

3.4　本章小结

　　本章从空间视野着重对改革开放以来中国及其区域层面的工业化现实进行了数据层面的描述和分析。在文献梳理的基础上，对中国工业化进程进行了阶段性描述，根据 1987 年钱纳里等（Chenery et al.）在《工业化进程》（*Industrialization and Growth*）一书中提出的观点：一个经济体的工业化是伴随着结构重心从农业、工业到服务业的调整，改革开放以来，中国经济总体结构也是向该方向发展。① 特别是自"十二五"时期以来，中国工业发展的能源消耗呈现明显的下降趋势，这与走"新型工业化"发展道路的思路相吻合。

　　进一步地，本章从空间异质性视角和产业异质性视角展开，运用现实数据讨论了中国总体层面、区域层面和产业层面的发展趋势。从中国省域层面来看，呈现出明显的条块分割特征，区域对外开放与区域间开放并不同步，东部地区、中部地区、西部地区之间的开放差距尤为明显，由此造成中国工业化进程存在明显的区域差异。因此，必须从空间异质性视角具体展开对于中国区域层面工业化现实的讨论。

　　此外，另一个研究视角，是产业异质性视角。工业作为一个整体性概念，工业体系内部存在众多细分行业。这些细分行业发展所需要的资源禀赋、技术条件、市场因素等各不相同，如果以一个相对大的统计口径来研究中国的工业化，难免泛泛而谈。为了解决这一问题，必须分别讨论工业化进程中这些细分行业的发展状况。制造业是工业体系的主要组成部分，以代表性的细分制造业细分行业为样本，对比分析其发展阶段及发展特征，是探讨中国工业化较为客观、全面的方法。本章着重选取了中国六个具有代表性的细分制造业行业展开分析，原因就在于此。

---

　　① Hollis Chenery, Sherman Robinson, Moshe Syrquin. Industrialization and Growth [M]. Oxford：Oxford University Press, 1987.

最后，本章结合"双循环"战略，分析了"十四五"期间构建新发展格局的基本思路。本书认为，中国20世纪八九十年代的工业发展是出口导向型的，而随着国际单边主义、贸易保护主义等倾向抬头，打造以国内大循环为主体、国内国际双循环的新发展格局，必须从构建国内完整的产业生态体系、补足产业链缺失环节入手。这也为中国未来新型工业化发展指明了方向。

4 数字经济赋能新型工业化模式的机理分析

　　制造业对于支撑一国经济快速增长的重要作用为学界所共识（Su Yao，2017；郭克莎，2000；黄群慧，2013）。随着数字技术发展不断催生数字化经济新形态，数字经济已成为赋能一国新型工业化、提升制造业附加值的关键力量（史丹，2022；邵军和杨敏，2023）。而近年来，经济社会逐渐转入高质量发展阶段，加之逆全球化风浪不断，中国制造业传统优势逐渐丧失，价值链嵌入升级面临新挑战。数字经济发展方兴未艾，众多研究文献均认为数字经济能够有效地促进中国制造业全球价值链嵌入升级（费越等，2021；李春发等，2020），其机制包括数字经济对于要素市场配置扭曲的缓解和优化（蔡昉，2021；马中东和宁朝山，2020；黄少安，2017）、数字基础设施效应下的技术创新及成本节约（沈运红和黄桁，2020；廖信林和杨正源，2021）。此外，数字技术与制造业的深度融合，能够通过提高企业生产率、出口产品质量及创新能力以实现 GVC 攀升（张晴和于津平，2020）。由此可见，工业化作为驱动一国经济腾飞的动力，也是支撑国民经济良好运行的核心之一。

　　2008 年以来，已成为后工业化国家的美国，一度致力于实现"再工业化"以支撑本国经济和就业的稳定增长。从理论上看，随着全球价值链体系和世界分工格局的不断完善，发达国家产业体系势必将价值链低端的若干生产环节全球化外包以实现利润最大化，美国的"再工业化"

必将对中国的产业体系造成外部冲击（唐志良和刘建江，2012；李丹等，2013）。改革开放以来，中国作为世界上最大、成本低廉的制造业大国，通过产业体系尤其是制造业体系深度嵌入全球价值链的国际分工，一方面，实现了国际贸易规模的不断增长；另一方面，导致中国较高的外贸依存度及外向型经济风险增加（崔大沪，2004；王检贵，2004；傅钧文，2004；付强等，2007）。

既有研究认为，改革开放 40 余年的中国工业化进程已实现贸易红利，区域产业体系尤其是区域工业体系的构建，与当地的资源禀赋、区位条件相适应，而且，受到了发达国家产业转移等全球价值链分工效应的影响（戴翔和张二震，2016）。而中国东部地区的率先对外开放及参与国际分工，有效地推动了其构建和完善区域产业体系，尤其是形成以专业化制造业集群为发展模式的产业体系。既有研究提出的"苏州模式""温州模式"，都是具有代表性的外向型经济工业化发展模式（金祥荣，2000；赵伟，2002；洪银兴和陈宝敏，2001；张晔，2007；董峰等，2010）。赵伟（2002，2005）认为，"温州模式"从内涵上可以看作"中国式新古典区域工业化范式"，其主要特征是建立在清晰产权的企业制度基础上的区域开放主导的市场化进程。

无论是以外资、外贸为主要特征的"苏州模式"，还是以区际贸易为主要特征的"温州模式"，都是改革开放进程中包含对外维度和区际维度的区域开放主导的地区工业化进程。

前述章节指出，中国工业化是在国家开放战略背景下，与城镇化进程相统一的发展过程。在此期间，大量农村人口从农业部门流向城镇的非农业部门（工业、服务业）。从区域层面来看，中国的工业化发展存在明显的非同步特征，即东部地区率先对外开放支撑了其先实现工业化，而中西部地区的区位特征制约了其参与国际市场分工，即存在区域发展差距。本书在资源禀赋、区位特征、产业基础等客观条件制约下的工业化发展，尤其是走新型工业化道路，必须寻找恰当的研究视野，原因在于，较大的研究视角将掩盖客观条件的差异，而较小的研究视角又不具有普遍的可操作性。本书认为，微观层面以县域经济为主体，宏观层面以城市群为主体，在这两个区域维度上探讨具有两个异质性特征的新型工业化发展路径，着力构建中国各区域主体内部和区域主体之间的产业价值链体系，推动其嵌入世界价值链体系并实现升级。[①]

在异质性视野下探讨县域经济维度和城市群维度的工业化发展模式，必须构建一个完整的理论框架。本章着重从区域的空间异质性及产业异质性角度，尝试性拓展新经济地理学经典模型以刻画、梳理区域产业发展的机制机理，构建完整的理论分析框架，为后续章节的实证检验建立理论基础。

4.1 异质性视野下的区域开放与产业集聚

4.1.1 问题的提出

新新贸易理论将微观的企业异质性视角引入国际贸易领域，近年来，经济学各领域对企业异质性理论及实证热点的研究方兴未艾。其中，新经济地理学聚焦于企业异质性的研究逐渐成为热点。聚焦于企业异质性视角，学者们大多在 NEG 业已构建的系列模型框架下，如将核心—外围模型（Krugman，1991）、资本游走模型（Martin and Rogers，1995）、垂直关联模型（Baldwin，1996）纳入企业生产率差异研究，并分析异质性因素对于企业经济活动的影响（Baldwin and Okubo，2006；Melitz and Ottaviano，2008；Combes et al.，2012）。这些研究结论大多认为，企业的生产率差异是影响其选址布局的一个重要因素，通常来说，生产率较

---

① 根据赛迪顾问县域经济研究中心发布的《2020 中国县域经济百强研究》，2019 年，百强县人均 GDP 为 11.09 万元，仅次于江苏，远超广东省、浙江省、山东省等及全国平均水平，按照钱纳里的工业化进程阶段划分，处于工业化后期。引导中国县域经济从劳动密集型产业和资本密集型产业为主导转向技术密集型产业为主导，进而以知识密集型产业为主导，是处于工业化后期的中国县域经济在新形势下应当积极把握的机遇。可见，县域经济在中国工业化进程中是一个恰当的研究视角。

高的企业扎堆布局于具有较大市场腹地的区域从而形成核心区，而生产率较低的企业则布局于外围区（梁琦等，2016）。然而，涉及企业生产率异质性的理论及实证研究，在建模时大多忽略了另一个重要的经济现实，即两个经济体之间或一个经济体内部区域间开放程度、市场化程度、区位禀赋、基础设施等方面的差异，即区域的空间异质性。显然，这种异质性对于企业选址与集聚具有某种内在影响。

在现实中，中国内部的经济开放具有"二重性"（赵伟，2002），即中国区域经济具有明显的分层特征：区际经济互动长期处于融合与竞争的双重基调之中，区域间竞争与融合的程度形成市场分割或区域经济一体化（赵伟，2006）。因此，在不考虑区域开放现实的前提下，仅在NEG框架下构建一个基于企业生产率异质性的集聚模型，难免会导致相关理论对于中国经济现实的解释力大打折扣。回顾NEG在两区域基础上构建的经典模型，其研究往往仅假定中国的南方地区、北方地区在初期具备不同的生产要素禀赋条件，均未考虑两区域间竞争及融合的空间异质性特征。由此可知，区域异质性视角是探究中国区域层面产业集聚不可忽视的研究视角。

本书拟在区域开放－产业集聚的研究框架下（王春晖，2016），以NEG经典的企业异质性集聚的鲍德温－大久保卓治（Baldwin-Okubo，B-O）模型为基础，拓展并刻画一个空间异质性视角下的生产率差异企业集聚模型，讨论区域异质性对于企业选址（relocation）及其分类效应（sorting effect）的影响。

4.1.2 文献回顾

自20世纪80年代至21世纪初，得益于研究样本获取及相关实证研究技术手段的不断进步，国际贸易领域的研究逐渐从国家层面转而聚焦于更为微观的企业层面，即开始探讨企业的出口行为及其影响因素的差异（Roberts and Tybout，1997；Bernad and Wagner，2001；Helpman et al.，2004）。针对此方面的研究，学界逐渐认识到经济学研究对于企业同质性假定的局限性，并开启了对于异质性企业探索的新阶段。最经典的研究，当属梅里兹（2003）在垄断竞争框架下构建的生产率异质性视角下的贸易模型，并提出了异质性企业出口"自我选择"（self-selection）的核心命题。随着研究深入，如贝纳德等（Bernad et al.，2003）、达斯等（Das et al.，2007）、柯尔等（Cole et al.，2008，2010）针对该论题不断拓展，使得国际贸易研究逐渐进入新新贸易理论（new new trade theory）的发展阶段（樊瑛，2007；赵君丽和吴建环，2008）。

随着克鲁格曼等借助垄断竞争的研究框架，将区位因素纳入国际贸易模型进行分析，新经济地理学逐渐在核心—外围模型（Krugman，1991）的基础上探讨引致厂商集聚布局的关键因素。较经典的研究，如藤田等（1999），在垄断竞争框架下将引致厂商地理性集中（集聚）的理论机制归纳为一种自我强化特质（self-enforcing character），后续文献构建的一系列 NEG 经典理论研究框架（Ottaviano et al.，2002；Fujita and Thisse，2002）均为探讨厂商集聚的影响因素奠定了基础。然而，在厂商异质性因素被纳入新经济地理学研究视野之前，大多数文献将集聚的影响因素归结为贸易成本问题，因而其在模型刻画中均遵循同质性企业的前提假定（郑雯雯，2012）。直到一些实证研究开始关注企业在规模、生产效率及贸易决策等方面的现实差异（Cabral et al.，2004；Melitz，2003），新经济地理学才意识到将企业异质性因素纳入影响企业布局研究的重要性，使得企业异质性视野成为空间经济学研究的前沿与重大发现（梁琦，2012）。最经典的研究，如鲍德温和大久保卓治（Baldwin and Okubo，2006）在奥塔维亚塔（OTT）框架下，沿用梅利兹（Melitz，2003）的企业异质性视角，构建了一个具有线性需求及厂商生产率差异的两部门、两区域模型。该模型刻画了影响制造业厂商集聚选址的因素，并将其归纳为选择效应（selection effect）及分类效应。该文献发现，模型中具有较高生产率（即具有成本优势）的厂商会率先选择将企业布局于具有较大市场规模的地区，而生产效率较低（即不具备成本优势）的厂商则不会倾向于选择在较大市场规模的地区布局，导致集聚区域的平均生产率较高，而外围区域的平均生产率较低，由此形成了明显的生产率异质性企业分类布局现象。其模型结论的政策含义可以概括为，区域政府不恰当的产业补贴政策可能对于吸引较高生产率的厂商无效。

在此基础上，大久保卓治等的后续研究，在改变模型相关假定的基础上进一步拓展引申了其原有模型的相关结论及政策含义（Okubo et al.，2010；Forslid et al.，2012）。库姆斯等（Combes et al.，2012）进一步将集聚区域厂商更具生产效率的原因归结为两方面：其一是厂商的选择效应，即集聚区域的市场竞争更激烈，只有具备生产优势能在此生存的厂商才会选择集聚区域；其二是集聚引致的外部性，即集聚区域厂商之间的外部性溢出，将引致厂商的生产效率提升。

在实证方面，大量聚焦于异质性企业视角的新经济地理学研究不断涌现，并从不同侧重点考察了企业异质性视点下影响厂商布局（location）的决定性因素。较具代表性的实证研究，可以追溯到霍尔姆斯和史蒂文斯（Holmes and Stevens，2002），运用 1992 年美国县域商业企业数据库（county business patterns，CBP）的四位数工业企业数据，通过测算埃里森 – 格莱赛指数的变动，证实了企业规模大小与地理集聚之间较强的相关性。赛弗森（Syverson，2004）运用美国区域层面的数据，从市场需求视角解释并验证了集聚区域厂商平均生产效率较高的原因在于，集聚区域的市场需求更容易在不同厂商之间进行替代，导致了集聚区域更激烈的市场竞争压力，而处于平均生产效率以下的厂商不得不选择退出或不进入此区域。大久保卓治和富浦荣（Okubo and Tomiura，2010）选取 1978~1990 年日本 48 000 家企业数据，实证检验了鲍德温和大久保卓治（2006）的主要理论观点，即认为有生产率差异的厂商在空间地理分布上具有显著的分类效应，其实证研究也验证了产业补贴政策对于吸引较高生产率厂商布局的负面效应。在此基础上，大久保卓治和富浦荣（2011）运用 1990 年日本超过 30 万个制造业企业的大样本数据，进一步实证发现集聚外部性的存在，使得即使在日本核心区域

（core regions）的厂商与外围区域（periphery regions）的厂商相比，仍然存在显著的生产率差异。

近年来，厂商异质性视角下的产业集聚命题，引起了国内学者的广泛讨论。梁琦等（2012，2013）通过拓展鲍德温－大久保卓治模型探讨企业生产率异质性条件下政府补贴政策对于缩小地区差距的作用机理，并进一步着眼于企业异质性的空间选择，以1998～2007年中国企业数据库的微观企业数据为样本，运用分位数回归方法验证了区域市场规模大小对生产率异质性厂商的区位选择具有显著影响。陈菁菁和陈建军（2017）选取2007年中国工业企业数据库中长三角地区27个地级市的制造业企业数据，通过运用地区间生产率差异的主导机制分析发现，除集聚外部性因素外，核心区域与外围区域的厂商生产率差异的原因在于空间选择效应及空间分类效应。

虽然围绕中国现实的大量研究文献，都沿用厂商生产率异质性视角，并在理论探索与实证研究方面均取得了一定进展，但是这些文献大多忽略了区域异质性视角。孙久文和姚鹏（2014）明确地提到空间异质性的概念，并将其归纳为在区域层面的城镇化率、固定资产投资、劳动力投入、产业结构、对外开放等方面的显著差异。张浩然（2015）的实证研究，同样关注了不同规模城市的区域异质性特征，研究发现不同类型的生产性服务业在不同规模城市的集聚存在显著差异。张辉等（2016）对中国省级层面金融产业集聚的实证研究，同样关注不同省（区、市）之间金融资源禀赋及贸易自由度的异质性对金融产业集聚的不同影响。

由此不难看出，在既有研究基础上，将区域的空间异质性特征引入NEG的经典理论模型，尝试梳理区域开放度差异对生产率差异的厂商选址与集聚的作用机理和作用机制，其研究结论可以对当前中国如何通过实施国家开放战略以不断缩小区域间的经济发展差距提供一种微观阐释。

4.1.3 区域异质性视角下的产业集聚：中国区域层面的现实

大量研究文献证实，中国的区域层面具有多个维度的异质性特征。基于区域开放—产业集聚的研究框架（赵伟和王春晖，2012），大量研究均显示中国区域层面的开放程度呈现显著的"二重性"特征，且这种区域对外开放程度及区域间开放程度的差异对于厂商区位选择与区位集聚具有显著的相关性（赵伟和张萃，2007）。沿用既有文献的研究方法，选取 1997～2016 年中国的 30 个省（区、市）[①] 的统计数据为样本，可以计算各省（区、市）历年区位熵指数、三资企业资本存量以及区域货运相对密度指标，分别作为历年不同省（区、市）的制造业集聚度指数、对外开放度指数以及区域开放度指数的代理变量。[②] 使用 Stata 11.2 软件，可以分别得到该面板数据总体样本的区域二重开放度与制造业集聚度相关性散点图，见图 4-1。

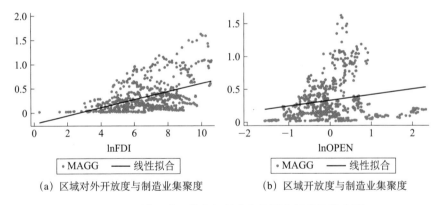

(a) 区域对外开放度与制造业集聚度　　(b) 区域开放度与制造业集聚度

图 4-1　区域二重开放度与制造业集聚度相关性散点图

资料来源：笔者根据历年《中国统计年鉴》《中国劳动统计年鉴》的相关数据运用 Stata 11.2 软件计算整理绘制而得。

---

① 中国的 30 个省（区、市）的数据未包括中国的西藏自治区和中国港澳台地区的数据。

② 制造业集聚度 MAGG 的计算公式为，$MAGG_{it} = \dfrac{x_{it}/x_i}{X_{it}/X_t}$。其中，$x_{it}$ 表示 i 地区 t 年的制造业就业人数；x_i 表示 i 地区当年的总就业人口；X_{it} 表示 t 年中国制造业的就业人口；X_t 表示中国总就业人口。货运密度的计算公式为：$OPEN_{it} = \dfrac{q_{it}/l_i}{Q_t/L_t}$。其中，$q_{it}$ 表示 i 地区 t 年的货运量；l_i 表示 i 地区当年的路网总里程；Q_t 表示 t 年中国货运总量；L_t 表示 t 年中国路网总里程。

　　从图4-1中不难看出，中国制造业集聚度分别与区域对外开放度和区域开放度存在显著的正相关性。进一步地，沿着区域开放度的异质性特征，可以通过对上述面板数据进行区域开放特征分组，并对子样本进行重新考察。按照王春晖（2016）的研究，可将中国的30个省（区、市）的区域对外开放度与区域开放度，按照样本统计19年间的均值进行排序，并按开放度高低排序，各取前15名与后15名分为两个对照组，可分别做出四个子样本的区域二重开放度与制造业集聚度散点图，如图4-2所示。[①]

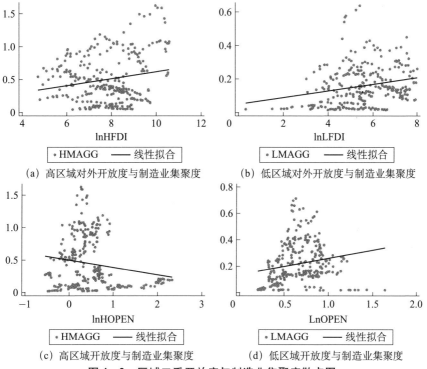

（a）高区域对外开放度与制造业集聚度　　（b）低区域对外开放度与制造业集聚度

（c）高区域开放度与制造业集聚度　　　　（d）低区域开放度与制造业集聚度

图4-2　区域二重开放度与制造业集聚度散点图

资料来源：笔者根据历年《中国统计年鉴》《中国劳动统计年鉴》的相关数据运用 Stata 11.2 软件计算整理绘制而得。

[①]　高区域对外开放度样本包括：北京、天津、河北、辽宁、上海、江苏、浙江、安徽、福建、山东、河南、湖北、广东、重庆、四川；低区域对外开放度样本包括：山西、内蒙古、吉林、黑龙江、江西、湖南、广西、海南、贵州、云南、陕西、甘肃、青海、宁夏、新疆。

高区域开放度样本包括：北京、天津、河北、山西、内蒙古、辽宁、上海、江苏、浙江、安徽、山东、河南、广东、广西、宁夏；低区域开放度样本包括：吉林、黑龙江、福建、江西、湖北、湖南、海南、重庆、四川、贵州、云南、陕西、甘肃、青海、新疆。

由图4-2（a）和图4-2（b）初步判断，区域对外开放度差异的两个子样本与制造业集聚度之间的正相关关系均较明显，而图4-2（c）和图4-2（d）所示的区域开放度差异的两个子样本与制造业集聚度之间的相关性却和图4-1（b）所示的总体样本间表现出明显的差异。

NEG经典研究，如核心—外围模型大多将贸易成本作为引致集聚形成的重要因素，而贸易成本显然受到区域二重开放度的影响。不难推演出，区域间存在显著的二重开放度差异，必将对区域产业集聚产生不可忽视的影响。可见，在区域的空间异质性新视角下，通过构建异质性厂商集聚理论模型用以分析影响异质性区域对厂商选址（集聚）机制的命题，具有一定的理论价值和现实意义。

4.2 基于空间异质性视角的 B－O 模型

4.2.1 模型设定

基于鲍德温和大久保卓治（2006）引入的具有生产率差异特征的企业异质性模型（footloose capital model，FCM），本章构建并讨论了一个同时存在企业异质性及区域异质性的两区域、两部门经济模型，用以探讨除企业生产率差异的因素之外，区域间开放度的差异同样会影响厂商的选址决策。

按照鲍德温－大久保卓治模型的基本假定，存在甲、乙两个国家；两国家分别有两个部门，即制造业部门 M 与农业部门 A。按照 NEG 模型的构建惯例，假设农业部门的产品是同质的，规模报酬不变，而制造业部门的规模报酬递增。区域生产活动需要投入两种生产要素，分别为资本 K 与劳动 L，并假设资本可以在区域间流动（表示厂商选址的变动），而劳动不能在区域间流动，假设甲国的生产要素存量规模大于乙国，资本要素所有者不能跨地区流动，跨地区资本要素的收益，也将固定在本地区范围内。

1. 模型的基本形式

代表性消费者效用函数可以表示为：

$$U = \mu \ln C_M + C_A = \mu \ln \left(\int c_i^{1-\frac{1}{\sigma}} \right)^{\frac{1}{(1-\frac{1}{\sigma})}} + C_A, \text{其中}, 0 \leq \mu \leq 1 \leq \sigma$$

$$(4-1)$$

在式（4-1）中，σ 表示制造业部门任意两种工业品的替代弹性。不同于传统的 FC 模型，B-O 模型通过假设制造业部门不同厂商具备不同的生产率，将企业异质性纳入原有 FC 模型的框架之中，其假设不同厂商具有不同单位资本的劳动投入系数，以讨论存在厂商生产率异质性情况下厂商生产率差异与其选址（集聚）之间的关系，即：

$$G(a) = a^\rho, \text{其中}, 0 \leq \alpha \leq 1, \rho \geq 1 \qquad (4-2)$$

考虑到区域开放度差异，以及将异质性特征引入模型，可设定区域间开放度系数 $\varphi(t)$，t 表示甲、乙两国贸易的冰山成本系数，即：

$$\varphi(t) = t^{-\sigma}, \ 0 \leq t \leq 1 \qquad (4-3)$$

当 t 增大时，表示区域开放度 φ 下降；反之，则上升。

通过求解消费者效用最大化，可以得到代表性消费者对于制造业消费品的需求函数，见式（4-4）：

$$C(i) = \frac{p(i)^{-\sigma} E}{\int p(j)^{1-\sigma} dj} \qquad (4-4)$$

假设任一国家 M 部门厂商的产品可同时在甲、乙两国销售，因此，乙国代表性厂商的利润函数，见式（4-5）：

$$\pi(a,t)^* = (p - wa)c(i) = \frac{pc(i)}{\sigma}$$

$$= \left(\frac{\alpha}{1 - \frac{1}{\sigma}} \right)^{1-\sigma} \left(\frac{\varphi(t) E}{\int P_i^{1-\sigma} di} + \frac{E_W - E}{\int P_i^{1-\sigma} di} \right) \frac{1}{\sigma}$$

$$(4-5)$$

在式（4-5）中，E 表示甲国的消费支出，E_W 表示甲、乙两个国家的总消费支出。将式（4-5）进行变形，得到乙国 M 部门厂商的利润函数，见式（4-6）：

$$\pi(a,t)^* = \left(\frac{\alpha}{1-\frac{1}{\sigma}}\right)^{1-\sigma}\left(\frac{t^{-\sigma}\frac{E}{E_W}}{\int P_i^{1-\sigma}di} + \frac{1-\frac{E}{E_w}}{\int P_i^{1-\sigma}di}\right)\frac{E_W}{\sigma}$$

$$= \left(\frac{\alpha}{1-\frac{1}{\sigma}}\right)^{1-\sigma}\left(\frac{t^{-\sigma}S_E}{\int P_i^{1-\sigma}di} + \frac{1-S_E}{\int P_i^{1-\sigma}di}\right)\frac{E_W}{\sigma} \qquad (4-6)$$

遵照 B-O 模型对于代表性厂商利润函数的处理方式，可将其分别在甲、乙两国生产的利润函数表示为式（4-7）和式（4-8）：

$$\pi(a,t) = (\alpha)^{1-\sigma}\left(\frac{S_E}{\Delta} + \frac{t^{-\sigma}(1-S_E)}{\Delta^*}\right)\frac{E_W}{\sigma K_W} \qquad (4-7)$$

$$\pi(a,t)^* = (\alpha)^{1-\sigma}\left(\frac{t^{-\sigma}S_E}{\Delta} + \frac{1-S_E}{\Delta^*}\right)\frac{E_W}{\sigma K_W} \qquad (4-8)$$

其中，

$$\Delta = \frac{K}{K_W}\int_0^1 \alpha^{1-\sigma}dG(\alpha) + \left(1-\frac{K}{K_W}\right)\varphi(t)\int_0^1 \alpha^{1-\sigma}dG(\alpha)$$

$$= S_K\int_0^1 \alpha^{1-\sigma}dG(\alpha) + (1-S_K)\varphi(t)\int_0^1 \alpha^{1-\sigma}dG(\alpha)$$

$$= \lambda[S_n + \varphi(t)(1-S_n)]$$

$$\Delta^* = \frac{K}{K_W}\varphi(t)\int_0^1 \alpha^{1-\sigma}dG(\alpha) + \left(1-\frac{K}{K_W}\right)\int_0^1 \alpha^{1-\sigma}dG(\alpha)$$

$$= S_K\varphi(t)\int_0^1 \alpha^{1-\sigma}dG(\alpha) + (1-S_K)\int_0^1 \alpha^{1-\sigma}dG(\alpha)$$

$$= [\varphi(t) + 1 - S_n]^{①}$$

2. 模型的比较静态分析

在初始状态下，甲、乙两国的 M 部门未发生厂商选址迁移，为了探讨一个 M 部门代表性厂商的选址，可将该厂商在两区域布局生产的

---

① 在 B-O 模型中，将 S_n 表示为甲国 M 部门的产量在总产量中的比例，即 $S_n = n/(n+n^*)$，且 $\lambda = \frac{\rho}{1-\sigma+\rho}$。

利润函数相减，即由式（4-7）、式（4-8）相减可得利润差额函数，见式（4-9）：

$$\Psi(a,t) = \pi(a,t) - \pi(a,t)^* = a^{1-\sigma}\left(\frac{S_E}{\Delta} + \frac{t^{-\sigma}(1-S_E)}{\Delta^*}\right)\frac{E_W}{\sigma K_W}$$

$$- a^{1-\sigma}\left(\frac{t^{-\sigma}S_E}{\Delta} + \frac{1-S_E}{\Delta^*}\right)\frac{E_W}{\sigma K_W}$$

$$= \frac{a^{1-\sigma}E_W}{\sigma K_W}\left\{[1-\varphi(t)]\left(\frac{S_E}{\Delta} - \frac{1-S_E}{\Delta^*}\right)\right\} \qquad (4-9)$$

整理并化简式（4-9），可得式（4-10）[①]：

$$\Psi(a,t) = a^{1-\sigma}\left[\frac{(1-t^{-\sigma})E_W}{\lambda\sigma K_W}\right]\frac{2t^{-\sigma}\left(s-\frac{1}{2}\right)}{[(1-\sigma)s + t^{-\sigma}(1-s+t^{-\sigma}s)]}$$

$$(4-10)$$

为了探讨 M 部门代表性厂商选址如何受到其厂商生产率异质性以及区域空间异质性的影响，可以进行比较静态分析如下：

对式（4-10）求自变量 a 的偏导数，可得式（4-11）：

$$\frac{\partial\Psi(a,t)}{\partial a} = (1-\sigma)\left[\frac{(1-t^{-\sigma})E_W}{\lambda\sigma K_W}\right]\frac{2t^{-\sigma}\left(s-\frac{1}{2}\right)a^{-\sigma}}{[(1-\sigma)s + t^{-\sigma}(1-s+t^{-\sigma}s)]}$$

$$(4-11)$$

根据模型初始条件，由 $\sigma \geq 1$ 可得式（4-12）：

$$\frac{\partial\Psi(a,t)}{\partial a} \leq 0 \qquad (4-12)$$

根据 B-O 模型关于厂商生产率异质性的假定，a 表示单个厂商单位资本的劳动投入量，即表示厂商的边际成本。[②] 模型假定甲国 M 部门的初始资本存量大于乙国 M 部门的初始资本存量，可以认为，为了获得更多利润，乙国 M 部门只有具有生产率优势的厂商（其生产的边际成本

---

① 在初始状态下，甲、乙两国的 M 部门厂商均未发生迁移，因此，$S_n = S_k$。

② 当 a 值越高，表示厂商生产的边际成本越大。

较低）会选择向甲国集聚。

进一步地，对式（4-10）求自变量 t 的偏导数，可得式（4-13）：

$$\frac{\partial \Psi(a,t)}{\partial t} = a^{1-\sigma}\left[\frac{E_W}{\lambda \sigma K_W}\right]\frac{d\left[\frac{(2s-1)(1-t^{-\sigma})t^{-\sigma}}{[(1-\sigma)s+t^{-\sigma}(1-s+t^{-\sigma}s)]}\right]}{dt}$$

$$= a^{1-\sigma}\left[\frac{E_W}{\lambda \sigma K_W}\right]\left\{\frac{\left[(2s-1)(2\sigma t^{-1-2\sigma}-\sigma t^{-\sigma-1})\right]\left[\begin{array}{c}(1-\sigma)s\\+t^{-\sigma}(1-s+t^{-\sigma}s)\end{array}\right]}{[(1-\sigma)s+t^{-\sigma}(1-s+t^{-\sigma}s)]^2}\right.$$

$$\left.-\frac{\left[(2s-1)(1-t^{-\sigma})t^{-\sigma}\right]\left[(s-1)\sigma t^{-\sigma-1}-2s\sigma t^{-2\sigma-1}\right]}{[(1-\sigma)s+t^{-\sigma}(1-s+t^{-\sigma}s)]^2}\right\}$$

$$= a^{1-\sigma}\left[\frac{E_W}{\lambda \sigma K_W}\right]\left[\frac{\Omega}{[(1-\sigma)s+t^{-\sigma}(1-s+t^{-\sigma}s)]^2}\right] \quad (4-13)$$

根据模型假定，式（4-13）的符号取决于 Ω 的符号。模型初始条件的参数设置为 $\sigma \geqslant 1$，$\frac{1}{2} < s \leqslant 1$，$0 \leqslant t \leqslant 1$，$\Omega \geqslant 0$[①]，即可得式（4-14）：

$$\frac{\partial \Psi(a,t)}{\partial t} \geqslant 0 \quad (4-14)$$

根据 B-O 模型关于区域空间异质性的假定，甲、乙两国间存在开放度差异，因此，该因素将影响乙国 M 部门厂商向甲国集聚的决策，即随着两甲国开放度差距的不断增大，乙国 M 部门代表性厂商集聚决策的利润差额不断增加，即导致其厂商选择向甲国集聚。

4.2.2 模型推论

通过将区域空间异质性特征引入 B-O 模型，可以重新梳理，获得影响乙国 M 部代表性厂商是否选择迁移到甲国（形成集聚）的两个推论：其一，影响代表性厂商选择集聚的一个因素是厂商的生产率异质性，即生产率较高（生产的边际成本较低）的代表性厂商更倾向于选择

---

① 依次判断 Ω 函数式各项符号可知，方程恒大于零。

向甲国集聚；其二，在考虑区域异质性的前提下，甲、乙两国之间的区域开放度差异同样会影响代表性厂商的选址倾向，即甲、乙两国的空间异质性特征越显著，代表性厂商越倾向于选择向高开放度地区集聚，形成空间选择效应。

本节在"区域开放—产业集聚"的研究框架下，通过将区域的空间异质性视角引入 NEG 经典的 B–O 模型，进一步拓展了原有模型仅从厂商生产率差异角度，即企业异质性视角探讨其影响厂商集聚的内在机制。通过模型推导可以看出，对于厂商选择集聚布局的影响因素而言，空间异质性也可算作一个不可忽视的重要视点。

就现实而言，这一结论与中国区域经济发展现状吻合。改革开放以来，各区域间存在区位条件、要素禀赋、市场化程度、开放程度、产业政策等方面的显著差异，集聚向心力的作用进一步导致资本密集型产业、技术密集型产业集聚于中国东部沿海地区，使得内陆地区产业缺乏竞争力，进一步加剧了中国区域经济的发展差距。B–O 模型中，从厂商生产率差异角度探讨影响厂商集聚的基础上，本书进一步将空间异质性引入模型，系统梳理了区域之间开放度的差异引致厂商选择向集聚区布局的内在机理。就模型的经济含义而言，B–O 模型认为，选择集聚的厂商均为具有较高生产率的企业，因此，外围区域不合理的产业补贴政策将不能吸引高生产率厂商，本书认为，对于外围地区而言，应当通过不断缩小与核心地区之间在开放程度、市场化程度等方面的差距，进一步增加其形成集聚的向心力，以强化外围地区形成产业集聚。因此，就本书的政策含义而言，其对于中国中西部地区的省（区、市）具有更重要的现实意义。

4.3　数字经济与新型工业化模式：理论框架

通过引入区域异质性视角下的 B–O 模型可以看出：在传统的工业

化进程中，区域开放程度对于区域工业的集聚化发展具有重要影响，即空间选择效应。微观企业的空间选择，从根本上意味着各类生产要素的空间重构。区域对外开放程度越高，本地产业越能通过市场化选择嵌入全球价值链体系，国际贸易及要素跨国流动将进一步优化周边地区产业与本地产业的上下游衔接，形成对接全球价值链（global value chain, GVC）需求的局部产业生态体系。例如，广东中山的灯具产业、浙江义乌的小商品、江苏昆山的汽车配件产业，都是在一定地区范围内形成上下游产业衔接并同时对接国际市场和国内市场的生态体系。以全国百强县江苏昆山为例，《2020 年昆山市国民经济和社会发展统计公报》中披露：2020 年昆山市工业总产值首次突破万亿元，其中，规模以上工业总产值突破 9 000 亿元大关，达 9 000.84 亿元，比 2019 年增长 7.0%。形成 1 个计算机、通信和其他电子设备制造业的千亿级产业集群和 12 个诸如通信设备制造、专用设备制造、汽车制造等技术密集型、资本密集型的百亿级产业集群。① 可见，东部地区代表性区域产业发展的一大特征，是产业的集聚发展模式。

20 世纪 90 年代以来，产业集聚已经成为新经济地理学研究的一个核心命题，且已经积累并探索出丰富的文献和相对成熟的研究方法。因此，不妨借助新经济地理学研究视角，围绕县域经济和城市群两个区域经济视角，探讨未来中国新型工业化路径选择机理。

产业集聚是微观层面的企业在空间上扎堆布局的一种区位选择现象。最早对集聚现象的研究，可以追溯到马歇尔（1890）对于地方化工业的探讨。既有文献对于产业集聚理论的研究十分翔实，对于产业集聚类型而言，理论层面一般分为相同产业的集聚（专业化）与上下游产业的协同集聚（多样化）。无论是何种类型的产业集聚，从本质上都可以看作生产要素（如资本、劳动、技术等）空间布局的动态调整过程。有

---

① 《2020 年昆山市国民经济和社会发展统计公报》，见昆山市人民政府网站 . http：//www. ks. gov. cn/kss/tjfx/202104/6c486dc1996e46968d03c2c79186bbaa. shtml。

文献称其为产业集群。① 通过本章前述模型的构建，可以产业集聚理论为基础，从理论层面梳理并构建区域新型工业化发展机制。

4.3.1　专业化产业集聚模式

经济学的基本逻辑在于，生产要素追逐更高的要素回报，即资本追逐更高的利润、劳动追逐更高的工资。企业可以通过区位的空间选择提高利润，这也是核心—外围模型、资本游走模型等一系列 NEG 经典模型的逻辑基础。王春晖（2016）的理论研究及实证研究均证实，企业扎堆布局形成的产业集聚，能通过提升企业生产效率、降低生产成本提升利润水平。本书认为，选择专业化集聚的发展模式，恰是中国区域经济层面（尤其是县域经济层面）新型工业化选择的重要路径，且中国区域间存在明显的空间异质性特征，区域经济的专业化选择路径也是差异化的。②

2017 年，中国人均 GDP 突破 1 万美元，已进入中等收入国家行列。整体而言，中国进入后工业化发展阶段。中国的工业基础日臻完善，中国未来的工业化转型发展方向是新型工业化与现代服务业的融合发展（胡鞍钢，2017）。在工业化发展阶段，以县域经济为主体的区域经济作为中国未来新型工业化转型发展的重要载体，运用专业化产业的集聚发展模式，能够通过成本节约效应、知识溢出效应、产业分工效应和区域分工效应四个途径，实现规模报酬递增和效益增进。区域经济专业化集聚机理，如图 4 - 3 所示。

4.3.1.1　成本节约效应

根据马歇尔（1890）对于工业地方化理论的解释，NEG 文献普遍认

---

① 本书认为，产业集聚强调企业区位选择动态调整过程；而产业集群更多强调企业扎堆共存的一种状态。

② 赛迪顾问县域经济研究中心发布的《2020 中国县域经济百强研究》披露，2020 年，中国百强县产业发展已进入后工业化时代，未来工业化发展的新趋势是伴随产业结构优化和社会分工深化不断衍生的新型业态。产业趋于不断细化，已成为当前县域经济发展的新方向和新趋势，如，山东寿光的蔬菜产业、浙江东阳的影视文化产业等。

可的观点是企业的专业化集聚可以通过三个途径促进成本节约，首先，节约运输成本；其次，共享劳动力市场；最后，知识溢出。相同产业内的企业生产大致具有相近的生产工艺和要素需求，因此，大宗原材料采购可以节约运输成本。此外，因为生产所需的基础设施在一定程度上具有边际成本递减的特征，所以，要素投入成本也能够由企业数量扩张和规模的区域扩张不断降低。如果一个工业区内只有一家生产电动自行车的企业，那么，电力公司需要专门为该企业架设工业用电线路并配置输变电设备，因此，该企业所需承担的电力成本（生产成本）是较高的。若此时有另一家生产电动自行车的企业也在该工业区布局，因为只需要将输电线路联通新企业，所以，为该企业提供电力服务所需的成本降低，输电成本的增加近乎为零。因此，两家企业可以分摊电力设施成本，使各自的生产成本大幅下降。①

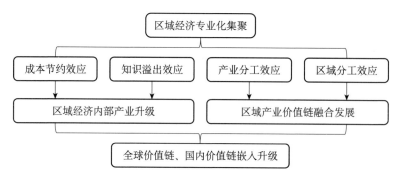

图 4 – 3　区域经济专业化集聚机理
资料来源：笔者绘制。

　　该工业区布局了相同产业的多家生产企业，这些企业生产所需的各类原材料总量将不断增加。原材料的单位运输成本会随着原材料数量的不断增加而下降。掌握生产技能的产业工人将不断向该工业区集中，从而使企业能够以更低的搜寻成本获取劳动要素。这将不断降低该工业区内企业的生产成本，即成本节约效应。

―――――――――――

　　①　假定在一定用电规模下，电力公司不需要对该工业区的电网设备进行扩容增容。

4.3.1.2　知识溢出效应

区域内相同产业企业的集中布局，会吸引具有相近劳动技能的劳动要素不断汇集，这将有利于实现本区域产业人力资本的不断累积。生产技能和知识是内化于人力资本要素的，且生产技术类的知识传递具有距离衰减特征（缄默知识只能在人与人之间的生产协作中传递），因此，该区域的产业集聚将有利于实现区域内知识溢出。诸如某一种高效率的生产工艺可以信息的形式从一个企业传递到相邻企业，致使新的生产工艺在该区域内大量生产企业间普遍使用。这就是集聚区域内企业共享知识溢出的结果。

新经济地理学曾引入有不少类似思想的理论模型以解释知识如何在集聚区域内传递（如自有资本模型、自由企业家模型等）。这些模型的核心观点在于，知识的载体是人力资本，知识溢出和知识传递是通过人力资本要素流动实现的。例如，某产业园区内的企业共享该区域的劳动力市场，劳动力要素在企业间的流动可以自然地完成知识传递和知识溢出的过程。当然，集聚区域内企业之间的信息流动更具便利性和充分性，如某一个电动自行车企业优化了生产环节，一段时间以后，该产业园区内更多的电动自行车企业会纷纷效仿，优化生产环节。集聚带来的外部性，能够使得企业更充分地获取有效知识和有效信息以提高效率。

此外，人力资本要素是知识的载体，更是创造新知识的源泉。生产过程中的技术进步，都是人力资本要素实现的。因此，产业集聚实现的区域内知识溢出，可以通过不断的技术进步以提升区域产业的整体效率，这也可以看作知识溢出结果。

4.3.1.3　产业分工效应

相同产业的企业在某区域的空间集中，将进一步实现该区域产业内生产的专业化分工，实现生产链条的上下游延伸，即产业分工效应。具体来说，某区域大量生产相同产品的企业扎堆，从产业链角度来看，产品生产所涉及的每个生产环节的细分市场都趋于扩张。随着市场信息的不断扩散，产业链的上下游，从原材料到中间产品供给，如物流、仓储、金融、咨询等一系列配套的生产性服务业市场都将不断扩张。区域内集聚产业内部将出现生产环节外包和生产环节专业化，原因在于，生产链条各环节的专业化有利润空间（专业化生产能够进一步提升效率、降低成本）。在产业内部生产链条的上下游环节专业化过程中，区域内的各企业之间能实现供需匹配和生产的无缝衔接，这都是空间集聚能够为企业带来的生产优势。

此外，产业内部生产链条的进一步细化，对于其他区域的同类企业而言具有吸引力，这种吸引力会进一步扩大该区域的产业规模和市场范围，如 NEG 提出的本地市场效应理论指出，产业链条的上下游延伸、分工的专业化和细化将进一步提高区域产能，成本优势将有效地支持企业在市场竞争中处于优势地位并扩大市场辐射范围。区域集聚产业细分市场的发育和演化，能够有效地支撑区域产业的竞争优势，专业化分工能够有效地改善该区域的集聚产业生态，提升产业创新能力和产业竞争力，吸引更多生产要素不断集聚，形成该区域特色产业的完整生态链和良性循环发展模式。《2020 中国县域经济百强研究》中提出，中国百强县域经济产业的一个典型特征，是成功培育并完善了适合本地区发展的特色产业体系。特色产业体系的形成，大多是从最初的单一产业而来，单一产业的规模扩张往往会导致产业链条的上下游延伸，并由此在区域内逐渐形成完整的产业链体系。

4.3.1.4 区域分工效应

区域专业化产业集聚能通过带动相邻区域的产业形成互动发展格局，即新经济地理学提出的空间溢出效应。空间溢出的原因在于，区域之间的距离邻近有利于企业、要素和市场之间供求信息的充分流通。在这种条件下，更容易形成区域之间的产业分工格局。例如，上海安亭和邻近的江苏昆山，集聚了大量汽车制造业企业。这些企业从属于汽车制造业的上下游各环节，能够相互匹配生产的投入产出，逐渐形成一个完整的产业生态体系。上海市作为中国乃至世界级大都市，金融、国际贸易等生产性服务业体系完备，能够为制造业企业提供上下游环节的生产性服务，并在更大区域范围内形成完善的产业生态。

总体而言，可以把空间邻近区域之间的产业匹配和产业衔接看作产业体系在区域之间分工的不断完善，即区域分工效应。

区域分工效应的经济学逻辑，仍然是各类生产资源的最优配置。区域的专业化集聚能带来更高的生产效率并促进成本节约，提高要素的边际报酬，达到规模报酬递增的效果。空间相邻区域依托区位优势，在市场需求引导下，逐渐在产业链的上下游环节形成区域分工，区域之间的专业化分工和产业链衔接可以促进成本节约和效率提升，从而吸引更多生产要素的进一步集聚布局。

4.3.2 多样化产业协同集聚模式

新经济地理学的大量文献，除了聚焦于对专业化集聚进行理论建模和实证分析之外，还关注集聚的另一种形式，即针对不同类型产业的协同集聚（co-agglomeration）。这一概念最初由埃里森和格莱赛（1997）提出。产业间协同集聚的经济学逻辑在于，多产业间往往具备上下游的投入产出特征或产业生态体系内的协作关系，如制造业公司、广告公司和战略咨询公司之间往往存在协作关系。产业间的协作关系，也存在空间邻近的溢出效应。这就可以理解浙江东阳可以成为中国的影视制作之都，浙江横店被誉为东方的好莱坞。这里集聚了大量从事影视策划、拍摄、后期制作等的企业。此外，相关行业，如道具制作、影视制作、经纪甚至餐饮娱乐等服务业的大量企业逐渐在此集聚，并逐渐构成相对完整的产业生态体系，最终发展成为支撑当地经济发展的特色产业集群。

从区域经济视角来看，多产业之间的协同集聚过程还可以看作区域之间的产业创新和融合发展的过程。区域之间的这种经济关联，往往会内化为区域主体经济分工的特征。岐亚光（2016）指出，城市层级体系及其功能分工，在本质上是区域产业之间的上下游衔接，以及在更大范围内产业生态构建的过程。区域经济多样化产业协同集聚的内在经济机理，如图 4 - 4 所示。

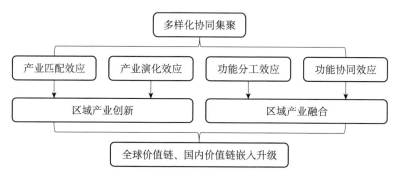

图 4 - 4　区域经济多样化产业协同集聚的内在经济机理
资料来源：笔者绘制。

4.3.2.1　产业匹配效应

空间邻近区域之间，多产业协同集聚的过程往往伴随着区域专业化集聚逐渐形成。在市场化选择过程中，多样化产业如何实现区域集聚？显然，以价值链为基础的多样化产业在市场选择中完成了区域之间的相互匹配，并被逐渐确定。产业匹配往往伴随着市场化的优胜劣汰过程实现，专业化集聚的产业规模进一步扩张，市场范围随之不断扩大。在此过程中，周边区域最先受到扩张的影响，随之而来的是更多的生产要素被向心力吸引。在市场竞争机制的作用下，邻近区域的产业通过选择匹配最终嵌入同一条价值链体系。与专业化集聚产业不相符、不匹配的产业不能实现集聚产业的市场规模效应，相反，与专业化集聚产业相匹配的产业能够实现规模效应进而不断提升竞争力。自由流动的生产要素被配置到更具效率的产业部门。长期的市场化结果，将导致邻近区域之间的产业关联性更强，形成产业匹配效应。

归根结底，空间邻近的区域经济实现产业匹配的过程得益于自发的市场选择不依赖于政府的产业发展规划或政策指导。区域间产业的匹配和价值链衔接，在微观层面往往依赖于企业的市场化选择和生产要素自由流动。因此，本书认为，区域间多产业协同集聚形成的产业匹配效应，需要产业的时空演化和较长时间的市场选择来实现。

4.3.2.2　产业演化效应

新古典经济学的核心观点在于，市场竞争导致稀缺要素实现最优配置的效果，即"看不见的手"的作用。本书认为，区域核心产业形成集聚，往往是市场自发选择和资源最优配置的结果，即竞争的结果。徐康宁（2006）认为，产业集聚具有特定的历史条件和偶然性特征，一个企业最初的区位选择可能导致整个产业在该区域的集聚布局。

区域多样化产业的协同集聚，会随着市场竞争而不断演化。这种演化包括产业体系、组织方式、产品服务类型等多个维度。产业演化可以看作产业升级过程，结果往往是向提质增效、节能减排和绿色发展等具备新型工业化特征的方向演化。

区域间多样化产业协同集聚，从本质上体现了多样化的生产要素空间集聚的状态。新经济地理学的经典理论及实证研究认为，具有多样化知识背景和技术背景的劳动者合作带来的创新产出将更高（Berliant and Fujita，2012）。区域产业的演化和升级，往往导致区域产业的不断创新。区域创新能力的提升，能进一步增强区域产业的核心竞争力，强化区域产业的市场地位，较高的要素回报将有效地保证生产要素的进一步汇集，形成区域间相对完整、具有良性循环的产业生态体系，并提高区域的整体竞争力（陈利华等，2004）。

4.3.2.3　功能分工效应

区域间多样化产业协同集聚，能实现区域间的产业功能分工。根据钱纳里标准，一国后工业化时代的产业特征是，第三产业比重不断提高并代替第二产业，成为经济结构的主体。事实上，在多样化产业协同集聚过程中，逐渐承担生产性服务业的区域往往都是经济发达程度更高的区域。其中的经济学逻辑是，更发达的区域生产成本和区域生活成本往往更高（比如，土地成本和房价），较高的成本使得大量制造业企业重新进行区位选择，为了继续享受发达区域大量的市场需求，这些企业会选择迁到生产成本相对更低的附近区域。成本差距主导了企业的区位选择和产业的区位重构。结果是发达区域专业化于附加值更高的生产性服务业（金融、研发、咨询等），而次级区域专业化于制造业，这就是协同集聚的区域分工效应的内在逻辑。对于这种理论解释，最初可以在冯杜能（Von Thünen）的《农业区位论》（*Der Isolierte Staat in Beziehung auf Landwirtschaft und Nationaloko-nomie*）中加以探寻。其主要观点是，基于农产品属性、附加值和运输成本的大小，最优空间体系是以城市为中心，各类农产品生产为圈层的结构。事实上，多样化产业的企业基于区域成本差异的空间选择及区位布局，都是实现区域间产业功能分工的基本条件。

事实上，城市群产业（功能）分工体系，是区域间产业多样化协同集聚范式的现实形态。出于企业成本的考量，寸土寸金的美国纽约曼哈顿不会集聚制造业产业，而其大量的生产性服务行业（诸如金融、咨询、贸易）可以为新泽西州的生产企业提供完整的产业链上下游衔接和服务。这就是城市群功能分工形成的产业协同集聚。作为进入工业化后期的经济体，中国区域间产业协同集聚也符合这种发展趋势。比如，作为全球金融中心之一，上海市可以为长三角地区的大量制造业企业提供融资服务，这就是区域间制造业与生产性服务业协同集聚的典型案例（郑吉昌和夏晴，2004；梁晶晶和黄繁华，2007；陈健和史修松，2008；童洁等，2010；杜传忠等，2017）。区域经济学的一个重要研究视角，是城市群。多样化产业协同集聚支撑的是城市群产业功能分工体系，大城市专业化于研发、融资、咨询、国际贸易等生产性服务业，次级城市专业化于产品制造。产业体系与城市群的功能演化路径，具有同步性特征。

4.3.2.4　功能协同效应

孙久文（2014）认为，实现京津冀协同发展的核心之一，是要实现京津冀三地产业发展的协调、同步和匹配。因为竞争作为市场经济最重要的特征，也是社会稀缺生产要素实现最优配置的前提条件，所以，区域竞争是伴随区域经济发展的。在中国，地方政府往往在区域竞争中扮演重要角色。王泽强（2007）认为，产业集群是保持区域竞争优势的有效空间组织形式，而发展产业集群战略日益成为区域经济发展的重要内容。不可否认，地方政府在产业集群发展中发挥着重要的积极作用结论相似的文献还包括卢巧玲（2009）、韩文龙等（2016）。包群等（2017）的实证研究表明，中国东部沿海省（市）主导产业选择雷同是产能过剩的原因，企业在地方政府主导产业政策引导下新增投资和扩张产出的结果，并未实现企业生产率的改进和营收增加（单丹，2014；刘智勇，2018；孙正等，2019）。

区域产业集聚意味着更激烈的市场竞争和优胜劣汰，而竞争的长期结果是区域内集聚的企业内成本优势或利润空间的不断扩大，以创新保持竞争优势而不具有成本优势的企业或因经营不善而被市场淘汰或退出区域。总的来看，区域产业竞争的结果，是提升了区域整体的产业竞争力。

区域间多样化产业的协同集聚，能够通过区域间的专业化分工和产业链匹配实现区域产业的协同发展，避免资源错配及恶性竞争带来的效率损失。其经济学的逻辑在于，区域间多样化产业的协同集聚发展能够通过市场自发选择形成区域间的功能定位和功能分工，进而形成区域间产业的有序互动和理性扩张，达到协同的效果。

此外，区域协同效应的另一个内涵在于，区域间在产业价值链层面的匹配、互补和融合。上海的融资服务和技术研发能够辐射长三角地区，如杭州、常州等地的汽车制造企业，而这些制造业企业为满足高端生产性服务业的需求，会先选择与其相关产业发展相匹配的上海。这就是多样化产业协同集聚实现的区域产业协同发展的内在逻辑。总之，作为嵌入价值链中的若干环节，区域产业不会因发展的过大差距而出现供需脱节。①

4.3.3　数字赋能传统产业的虚拟集聚模式

随着数字经济的发展，经济学理论对于传统工业化进程中探讨空间选择效应的学术新观点不断涌现。如王如玉和梁琦（2022）认为，数字经济下资源重新配置导致虚拟集聚的出现，即网络空间基础上的经济活动和经济要素的汇聚、融合，导致了信息技术和制造业深度融合的新形态。虚拟集聚不再依托于现实的空间概念，对于制造业数字化、网络化、智能化发展具有重要的推动作用。尤其是近年来，虚拟集聚逐渐成为新经济增长点，国际供应链中的虚拟集聚显著增长，跨境电商、数字化贸易、传统行业的云端化都极大地推动了工业、服务业等传统产业的数字化变革乃至数字化转型。

段博（2020）认为，相对于传统产业的地理集聚特征，虚拟集聚通过一体化效应、模块化效应、互补效应以及加速效应，促进传统产业转型升级。其中，虚拟集聚能够削弱市场分割，强化本地市场效应，推动传统产业规模收益递增；数字技术的广泛应用，能够实现产业内组织结构的优化和模块化分工，推动成本下降及企业盈利能力提升；数字技术能够缩短时空距离，极大地提升知识传播速度和转化效率，提高传统产业的技术进步速率。

除传统产业外，数字技术的广泛应用进一步导致服务业尤其是生产性服务业的转型升级。近年来，云空间、云计算等云端概念，越发成为服务业发展的重要技术手段。数字赋能传统产业转型升级，也在不断推动服务业的转型发展和业态变革。作为生产性服务业，互联网与信息产业在不断引领传统服务业转型。

---

① 如当前长三角地区汽车制造企业的资本需求、技术需求会向上海市寻求解决渠道，而不会转向郑州或兰州，原因在于，价值链环节的发展差距导致供需不匹配。

2020 年，党的十九届五中全会通过《中共中央关于制定国民经济和社会发展第十四个五年规划和二○三五年远景目标的建议》，明确提出要加快构建以国内大循环为主体、国内国际双循环相互促进的新发展格局。[①] 本书认为，国内国际双循环发展格局的构建，为中国未来工业化路径的选择指明了方向。工业化后期的中国将如何选择产业发展道路，必须着眼于两个区域维度的产业发展路径，即县域经济的产业发展路径和城市群经济的产业发展路径，具体以县域经济的专业化产业发展为基本点，城市群经济的多样化产业协同发展为核心，由点到面支撑中国未来的工业化发展全局。其中，县域经济的发展与中国的城镇化进程、工业化进程关系密切，跳出中等收入陷阱的关键在于能否把握好今后一段时期内中国县域经济与代表性城市群（京津冀城市群、长三角城市群、粤港澳大湾区、成渝及中原城市群为代表的区域性城市群）经济发展的历史窗口期。

根据前文分析，可从微观和中观两个研究视角分别梳理"双循环"格局下县域经济层面和城市群层面（区域经济层面）新型工业化的发展路径选择机制，如图 4 - 5 所示。

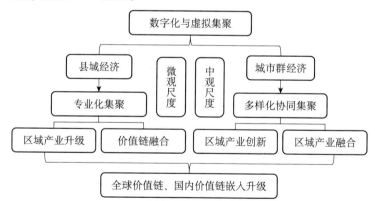

图 4 - 5 "双循环"格局下县域经济层面和城市群层面（区域经济层面）新型工业化的发展路径选择机制

资料来源：笔者绘制。

---

① 《中共中央关于制定国民经济和社会发展第十四个五年规划和二○三五年远景目标的建议》，人民日报，2020 年 12 月 4 日 06 版。

当前，国际贸易摩擦、国际贸易争端频发，国际社会单边主义势力抬头导致全球经济受挫。本书通过系统的理论梳理，提出了"双循环"战略下中国两个区域维度的三种产业发展模式，即同步推进以县域经济为主体的专业化产业集聚发展模式、以城市群为主体的多样化产业协同集聚发展模式及以数字赋能传统产业的虚拟集聚发展模式。

4.4　本章小结

本章在对新经济地理学的区域开放与产业集聚研究文献进行系统性梳理和综述的基础上，借鉴 NEG 经典的 B‐O 模型并进行了空间异质性设定和调整，通过模型的变形和推导，进一步解释了存在空间异质性特征的厂商区位布局选择因素及均衡条件。对这一模型的调整，对于中国区域层面的经济实践具有重要的理论意义和现实意义，作为一个体量巨大的经济体，中国区域对外开放程度及区域开放程度具有一定差异，而这种空间开放的异质性特征对于要素的流动、商品市场的充分竞争都具有重要的影响，也是影响企业区位选择的重要因素。NEG 理论强调经济现实在空间上的非均质特征，这种特征从微观层面来看，是生产要素区域间的非均质布局导致的。本章认为，从区域层面来看，中国未来新型工业化路径的选择应当着重考虑空间格局的开放差异特征，因地制宜地选择嵌入全球价值链、完善国内产业大循环体系发展的切入点和着力点。

在模型推导基础上，本章从微观层面的县域经济和中观层面的城市群入手，进一步梳理了两个区域维度如何通过异质性的产业集聚实现工业化后期产业发展的选择，分别提出了四种产业发展效应，完整地刻画中国区域经济的新型工业化路径选择，即着力构建"双循环"的新发展格局。具体而言，作为基本面的县域经济发展应当选择专业化产业集聚模式，通过区域间产业关联和价值链内外融合、上下游融合不断实现全球价值链的攀升和薄弱环节的强化；对于中国的几大城市群而言，应当通过多样化产业集聚模式强化城市群之间的产业功能衔接与融合，实现城市群的高质量发展。在此基础上，本章从理论层面总结、提炼了"十四五"时期中国新型工业化路径选择。

5 空间视野下产业数字化转型路径研究：地区层面的实证

5.1 产业集聚、人力资本积累与产业效率：中国省级层面面板数据的实证

5.1.1 问题的提出

人力资本要素作为驱动区域经济增长的生产要素，是当下及未来支撑中国经济社会发展的核心力量。[①] 改革开放 40 余年来，中国区域层面的人力资本积累存在较明显的分布特征。正如李薇辉（2002）形象地将人力资本向发达区域流动的现象称为"人往高处走"，李亚玲等（2006）、王弟海等（2009）的后续研究，均证实了区域经济发展水平与人力资本分布显著相关，即发达区域人力资本要素分布优于欠发达区域。杨莉莉和邵帅（2014）的研究，从理论上揭示了人力资本流失是造成资源型区域可持续增长乏力的重要原因。叶炜和林善浪（2017）运用中国的区域样本实证研究发现，高速公路网密度对于区域制造业集聚水平的影响呈现倒"U"型分布，且东部地区、中部地区、西部地区分样

[①] 尊重知识，尊重人才，发挥人才第一资源重要作用，https://m. gmw. cn/baijia/2022 - 12/06/36210178. html。

本的人力资本（技术外部性）对于其区域制造业集聚的影响均显著为正，依次递减。

NEG 视野下的产业集聚理论，可以作为中国区域层面人力资本积累差异化布局的一种合理解释。吉马良斯等（Guimaraes et al.，2000）认为，集聚的本质是资本、劳动等各生产要素在空间上的集中与布局。赵伟（2006）提出了中国区域层面的"二重开放"理论体系，从开放视角研究产业集聚的文献层出不穷。王春晖（2016）在分析中国区域"二重开放"对于产业集聚的影响机理基础上，尝试性地构建了"区域开放—产业集聚—要素积累—产业升级"的分析框架。张廷海和王点（2018）针对中国区域增长差异的实证研究发现，中国工业集聚呈现明显的空间自相关特征，即高集聚区域高增长。本节聚焦于验证中国区域开放的异质性能否对于区域产业集聚的人力资本积累产生不同的影响效果。

5.1.2 文献回顾

1890 年，马歇尔在《经济学原理》一书中对于地方工业布局的讨论较早关注了产业集聚这一论题。他认为，厂商一旦选择区位，则满足技术要求的劳动力要素将逐渐扩大集聚并形成劳动力市场，而其他需求同种劳动力的厂商便会选择布局于此，因而形成地方化工业。藤田和蒂斯（Fujita and Thisse，1996）认为，集聚带来生产要素的大量积累，区域外的生产要素受到高要素报酬及工作匹配度的激励而选择向集聚区域流动，这种生产要素积累的向心力效应不断吸引新厂商集聚。NEG 理论经典的 C – P 模型假设存在甲、乙两个国家，探讨要素报酬和贸易成本变动导致的生产要素流动，并最终形成以制造业为核心与以农业为外围的均衡条件。由此可见，产业集聚的本质，表示生产要素的区域选择与集中过程。

菲兹杰拉德和哈拉克（Fitzgerald and Hallak，2004）聚焦 OECD 国家的实证研究发现，集聚带来的生产要素积累对其地区制造业生产率具有显著影响，且这种要素积累差异是解释不同国家制造业集聚差异的重要原因。阿尔卡塞尔和宗（Alcacer and Chun，2013）以美国制造业为样本的实证研究发现，高技术工人的区域集中通过提升集聚区域的知识溢出效应吸引更多新厂商的集聚，这种良性循环的积累会强化集聚区域的要素竞争优势。强化集聚效果的关键向心力是集聚实现的厂商之间的知识溢出，而知识溢出的载体是人力资本这一生产要素，因此，从生产要素角度的集聚研究重点关注了作为一种特殊生产要素的人力资本在集聚过程中的积累效应及其对集聚经济带来的影响，即产业集聚的人力资本积累效应。福斯里德（Forslid，1999）通过引入人力资本要素及物质资本要素对 NEG 理论经典的 C－P 模型加以拓展，结论显示，当引入人力资本要素流动条件时，制造业将集聚于贸易成本低的地区；当引入物质资本要素流动条件时，制造业将集聚于贸易成本高的地区。此外，该文献认为，当前生产要素在全球范围内自由流动的情况下，小国（地区）为避免沦落为外围区域，应当采取多种措施保证本国（地区）人力资本要素积累的存量，而物质资本外流导致的对小国（地区）的影响是短期的。罗特博格和塞隆纳（Rotemberg and Saloner，2000）建立一个多地区间贸易模型，探讨产业集聚如何强化本地区的人力资本要素积累。贝利和格莱赛（Berry and Glaeser，2005）研究发现，20 世纪 70 年代以来，美国具有较高人力资本积累的地区，越来越多地吸引其他地区的高技能人才。该文献构建了一个城市集聚模型，用以解释高技能人才集聚的原因，即本地区的高技能人才会通过开设新公司为更多高技能人才创造就业岗位并吸引其向本地区集聚。西蒙（Simon，1998）实证考察了 1940 ~ 1986 年美国大城市的就业率与人力资本变化，结论为，美国大城市的就业率显著受到本地人力资本水平的影响。该文献认为，大城市往往具有较高的人力资本积累，从而实现较高的生产效率和资本回报率（工资），而高工资又会吸引更多人力资本并实现较高就业率。奥瓦斯凯宁（Ovas-kainen，2001）通过对 1985 ~ 1990 年芬兰劳动力统计数据的实证研究发现，人力资本流动体现为一种个人利益最大化的理性选择且芬兰高素质劳动力具有向经济繁荣的中心地区集聚的趋势。

人力资本积累这一线索下的中文文献数量虽不少，且大多聚焦于检验人力资本积累对于地区经济增长的影响效应。陈得文和苗建军（2012）实证考察了1995～2009年中国省域层面人力资本的集聚效应及其空间溢出效应，结论为，中国人力资本要素的集聚对于区域经济增长效果显著，且对经济增长的贡献率不断增大。中国东部地区、中部地区、西部地区的人力资本集聚效应依次降低。徐凯等（2009）、胡艳等（2018）均运用中国区域层面的数据，实证检验了各省（区、市）人力资本积累对地区经济增长具有显著的正向影响且表现出明显的异质性特征。

随着异质性视角的研究逐渐被引入新经济地理学，从企业异质性、行业异质性、区域异质性等视角研究产业集聚命题的文献不断充实。颜银根（2014）认为，以企业异质性为代表的微观主体的异质性行为是新经济地理学研究的重要发展方向。中文文献较早关注区域异质性与人力资本积累线索的研究，如周文斌（2007）提出了关于人力资本的区域异质性特征命题。陈建军和杨飞（2014）认为，人力资本的空间排序机制会导致技术水平较高的人力资本要素集聚于高收入区域，从而决定区域人力资本及产业的分布特征，并引入人力资本的门槛效应理论来论证区域人力资本积累达到一定门槛水平后，才能实现对于产业技术溢出的有效吸收、利用。罗勇等（2014）、武晓霞等（2015）的实证研究均证实了人力资本的区域异质性特征，驱动各区域实现产业升级的知识溢出机制是存在显著差异的。

这些实证研究大多依托于人力资本积累所实现的地区知识溢出、厂商技术进步及生产效率提升等理论，从不同角度出发，证实集聚的人力资本积累效应，但却鲜有将区域异质性因素这一中国区域开放的现实特征纳入分析视野及研究框架，并探讨其如何影响中国区域间人力资本积累差异，这也使得本章具有一定理论意义及现实意义。

5.1.3 理论模型与计量方程

福斯里德（1999）提出了一个包含人力资本要素与普通劳动力要素的两地区两产业 C－P 模型，通过对贸易成本条件下的人力资本要素随相对实际工资变化而在两地区间流动进行模型刻画，说明产业集聚的形成会吸引其他地区的人力资本要素向集聚地区流动。该文献将这种要素流动的向心力描述为市场需求潜力及真实相对工资，而把离心力描述为运输成本。具体的模型形式表述如下：

$$U = C_x^{\mu} C_A^{1-\mu} \qquad (5-1)$$

$$C_X = \Big(\int_{i=0}^{n_1+n_2} x_i^{1-\frac{1}{\sigma}} \Big)^{\frac{1}{1-\frac{1}{\sigma}}} \qquad (5-2)$$

在式（5－1）中，U 表示地区效用函数；式（5－2）中，C_X 表示 X 产品的消费函数，消费替代弹性 $\sigma > 1$。

$$L_1^U = L_2^U = L^U, \quad L_1^S + L_2^S = L^S \qquad (5-3)$$

在式（5－3）中，L_1^U 和 L_2^U 分别表示两地区各有相同数量且不能流动的普通劳动力要素（unskilled labor），L_1^S 和 L_2^S 分别表示不同数量的人力资本要素（skilled labor/human capital）。两地区农业部门只使用普通劳动力要素，X 部门则使用普通劳动力要素与人力资本要素。短期内，各区域人力资本要素不能流动，长期则可以流动。

农业部门边际报酬不变，在自由贸易条件下，

$$P_A = W_U = 1 \qquad (5-4)$$

X 部门的成本函数为：

$$\chi_n = \alpha W_n^S + \beta X_n \qquad (5-5)$$

式（5－5）中的 α 表示每单位人力资本要素的固定成本，β 表示每单位 X 产品的普通劳动力成本。与 C－P 模型相同，福斯里德（1999）假定两地区冰山形式的贸易成本系数为 τ，且 $\tau > 1$。

在长期均衡条件下，人力资本要素在两地区间自由流动，可得两地

区相对实际工资函数，见式 (5-6)：

$$\frac{W_1^S P_1^{-\mu}}{W_2^S P_2^{-\mu}} = \frac{-S_L\mu(\phi^2-1) - S_L\sigma(\phi-1)^2 + (\mu+\sigma)\phi^2 + (\sigma-\mu)}{S_L\mu(\phi^2-1) + S_L\sigma(\phi-1)^2 + 2\sigma\phi}$$

$$\left(\frac{\phi S_L + 1 - S_L}{S_L + \phi(1-S_L)}\right)^{\frac{\mu}{1-\sigma}} \qquad (5-6)$$

在式 (5-6) 中，$S_L = L_1^S/(L_1^S + L_2^S)$，$\phi = \tau^{1-\sigma}$。

由式 (5-6) 可知，人力资本要素的地区积累可以表示为集聚度、真实相对工资、运输成本 COST 的函数。由式 (5-6) 可以引申出本章的计量方程式 (5-7)：

$$HUM_{it} = \alpha_0 + \alpha_1 \ln MAGG_{it} + \alpha_2 WAGE_{it} + \alpha_3 COST_{it} + \varepsilon_{it} \qquad (5-7)$$

考虑到其他因素对地区人力资本积累的影响，在模型中添加控制变量滞后一期的地区教育经费投入 EDU_{it-1}，可得计量方程式 (5-8)：

$$HUM_{it} = \alpha_0 + \alpha_1 MAGG_{it} + \alpha_2 WAGE_{it} + \alpha_3 COST_{it} + \alpha_4 EDU_{it-1} + \varepsilon_{it}$$

$$(5-8)$$

被解释变量 HUM_{it}：人力资本存量根据霍尔和琼斯（Hall and Jones，1999）的研究，地区人力资本存量的测算公式为 $5 \times E_1 + 8 \times E_2 + 11 \times E_3 + 15 \times E_4$，其中，$E_i$ 表示地区 6 岁及以上受教育人数，分别为小学、初中、高中、专科及以上的人口比重。杜伟（2013）认为，这一测算方法忽略了地区劳动力人口中未受教育人员的知识与工作技能，提出改进的人力资本存量测算公式为：$2 \times E_1 + 6 \times E_2 + 9 \times E_3 + 12 \times E_4 + 16 \times E_5$，其中，$E_i$ 表示地区 6 岁及以上受教育人口分别为未受教育人员、小学、初中、高中、专科及以上的人口比重。本章将采用这一方法，测算各省（区、市）人力资本存量。

核心解释变量 $MAGG_{it}$：地区制造业区位商。根据亨德森（Henderson，1997）、格莱赛（2002）的研究，本章选取地区制造业的区位熵指标作为刻画产业集聚程度的变量，其计算公式为：

$$MAGG_{it} = \frac{x_{it}/x_i}{X_t/X} \qquad (5-9)$$

在式（5-9）中，x_{it}表示 i 地区 t 时制造业就业人数，x_i表示 i 地区的总就业人口，X_t表示 t 时全国制造业的就业人口，X表示全国总就业人口。该指标可以反映某地区制造业规模占全国制造业规模的相对比重。其临界值为 1，当 $MAGG_{it}$ 小于 1 时，表示 i 地区制造业集聚状况低于全国平均水平；反之则反是。

解释变量 $WAGE_{it}$：各年度各省（区、市）职工平均实际工资。

解释变量 $COST_{it}$：贸易成本相对各省（区、市）的现实而言，开放程度较高的省（区、市）往往具有较低的贸易成本，因此，可以选择地区三资企业（中外合资企业、中外合作企业及外商独资企业）的资本存量作为贸易成本的代理变量。

控制变量 EDU_{it-1}：教育经费投入。教育经费投入与地区资本存量存在明显的相关关系，本章选择滞后一期的地区教育经费投入作为 EDU_{it} 的代理变量。

5.1.4　数据选取及描述性统计

模型样本选取了 1997～2015 年中国的 30 个省（区、市）的相关数据。样本统计数据均来源于历年《中国统计年鉴》《中国劳动统计年鉴》《中国工业经济统计年鉴》。模型变量相关说明，如表 5-1 所示。[①]

表 5-1　　　　　　　　　模型变量相关说明

变量	变量说明	指标来源
HUM_{it}	各省（区、市）人力资本存量	历年《中国劳动统计年鉴》
$MAGG_{it}$	各省（区、市）制造业区位熵指数	历年《中国劳动统计年鉴》
$WAGE_{it}$	各省（区、市）城镇职工劳动平均工资	历年《中国劳动统计年鉴》
$COST_{it}$	各省（区、市）外资资本存量	历年《中国统计年鉴》
EDU_{it-1}	各省（区、市）教育财政经费投入（滞后一期）	历年《中国统计年鉴》

资料来源：笔者整理。

对模型各变量指标的样本描述性统计，如表 5-2 所示。

---

① 按照一般做法，在此分别对因变量 $WAGE_{it}$、$COST_{it}$、EDU_{it-1} 取自然对数。

表5-2　　　　　　　对模型各变量指标的样本描述性统计

变量	样本数（个）	均值	标准差	最小值	最大值
HUM_{it}	570	8.894	1.27	5.607	13.627
$MAGG_{it}$	570	0.895	0.321	0.06	1.867
$lnWAGE_{it}$	570	9.897	0.748	8.495	11.621
$lnCOST_{it}$	570	6.681	1.8	0.315	10.575
$lnEDU_{it-1}$	570	14.453	1.078	11.246	16.711

资料来源：笔者根据样本数据计算整理而得。

5.1.5　实证分析

1. 模型的总体样本回归

将1997~2015年中国的30个省（区、市）的面板数据引入模型进行回归分析之前，需要为模型选择恰当的估计方法。本章使用统计分析软件Stata 14.0对该模型面板数据总体样本进行沃尔德（Ward）检验与似然比（LR）检验，以便选择恰当的估计方法。通过使用沃尔德检验，模型在1%的显著性水平上拒绝使用混合最小二乘法（Pooled OLS）的估计方法，因此，选择固定效应模型或随机效应模型进行估计。通过对模型进行豪斯曼（Hausman）检验，其结果均拒绝了随机效应估计方法，因此，使用固定效应模型对总体样本进行估计，模型总体回归结果，见表5-3。

表5-3　　　　　　　　　　模型总体回归结果

变量	（1）HUM_{it}	（2）HUM_{it}	（3）HUM_{it}
$MAGG_{it}$	0.369 ** (0.163)	0.518 *** (0.168)	0.291 ** (0.166)
$lnWAGE_{it}$	0.999 *** (0.026)	1.266 *** (0.089)	0.486 *** (0.147)
$lnCOST_{it}$	—	-0.19 *** (0.061)	-0.237 *** (0.059)
$lnEDU_{it-1}$	—	—	0.751 *** (0.115)

变量	（1）HUM_{it}	（2）HUM_{it}	（3）HUM_{it}
Constant	-1.324^{***} （0.342）	-2.831^{***} （0.589）	-5.445^{***} （0.695）
Adj R^2	0.896	0.897	0.905
Obs	570	570	570
Method	FE	FE	FE

注：$**$、$***$ 分别表示在 5% 和 1% 的水平上显著，括号内为各解释变量的标准差。"—"表示无数据。

资料来源：笔者运用 Stata 15.1 软件计算整理而得。

由表 5-3 分析可知，列（1）至列（3）分别表示逐一向模型中添加解释变量 $lnWAGE_{it}$、$lnCOST_{it}$ 以及控制变量 $lnEDU_{it-1}$ 时，得到的模型总体样本估计结果。列（3）总体样本回归结果显示，首先，核心解释变量 $MAGG_{it}$ 在 5% 的水平上显著，估计系数为正，表明各省（区、市）制造业集聚对于各省（区、市）人力资本积累存在显著的正向影响，这一结果有效地印证了福斯里德（1999）关于集聚的人力资本积累的理论推断；其次，解释变量 $lnWAGE_{it}$ 在 1% 的水平上显著，其估计值为正，说明较高的各省（区、市）工资水平是吸引劳动力集中，实现各省（区、市）人力资本要素不断积累的重要因素；再次，解释变量 $lnCOST_{it}$ 在 1% 的水平上显著，且估计值系数为负，表明贸易成本越高，对于各省（区、市）人力资本要素的集中越具有显著的负向影响；最后，控制变量 $lnEDU_{it-1}$ 同样在 1% 的水平上显著，且估计值为正，表明各省（区、市）财政教育经费投入不断增加，有利于培养与实现各省（区、市）人力资源要素的积累。随着列（1）至列（3）的解释变量不断增加，各模型的调整可决系数（R^2）不断提高，表示模型解释变量的选择及估计方法较为恰当。

2. 稳健性检验

为了检验模型的稳健性，可以通过选择替换核心被解释变量及解释变量、更换估计方法以及总体样本分段回归等进行。本章分别使用各省（区、市）普通高等院校年度在校生人数（单位：人）以及各省（区、市）普通高等院校专任教师数（单位：人）替换原有人力资本存量指标，并将控制变量 $lnEDU_{it-2}$ 滞后两期，重新进行模型回归。总体模型的稳健性检验结果，见表 5-4。

表 5-4 　　　　　　　　总体模型的稳健性检验结果

变量	(4) NHUM	(5) NHUM	(6) NHUM*	(7) NHUM*
$MAGG_{it}$	0.588 ** (0.297)	0.849 *** (0.274)	0.575 *** (0.122)	0.473 *** (0.116)
$lnWAGE_{it}$	0.963 *** (0.252)	1.077 *** (0.231)	0.866 *** (0.104)	0.826 *** (0.098)
$lnCOST_{it}$	-1.483 *** (0.125)	-0.364 ** (0.16)	0.359 *** (0.052)	-0.034 (0.068)
$lnEDU_{it-2}$	-0.374 ** (0.176)	-8.43 *** (0.817)	-0.08 (0.072)	2.751 *** (0.345)
C^2	0.194 *** (0.01)	0.097 *** (0.013)	-0.016 *** (0.004)	0.018 *** (0.006)
E^2	—	0.285 *** (0.028)	—	-0.1 *** (0.012)
Constant	-0.765 (1.302)	51.525 *** (5.333)	3.153 *** (0.536)	-15.222 *** (2.251)
Adj R^2	0.933	0.943	0.945	0.951
Obs	570	570	570	570
Method	FE	FE	FE	FE

注：①**、***分别表示在 5% 和 1% 的水平上显著，括号内为各解释变量的标准差。其中，被解释变量 NHUM 表示各省（区、市）普通高等院校年度在校生人数（单位：人）；NHUM* 表示各省（区、市）普通高等院校专任教师数（单位：人）。$lnEDU_{it-2}$ 表示滞后两期的各省（区、市）年度教育经费财政投入（单位：万元）；C^2、E^2 分别表示 $lnCOST_{it}$、$LnEDU_{it-2}$ 的二次项。②本表各列回归结果排序接表 5-3。

资料来源：笔者运用 Stata15.1 软件计算整理而得。

表 5-4 的列（4）~列（7）分别表示替换被解释变量后的模型回归结果。模型回归结果显示，核心解释变量 $MAGG_{it}$ 均在 1% 的水平上显著，表明制造业集聚对于各省（区、市）人力资本积累的影响显著为正。对模型总体样本进行分段回归，总体模型的稳健性检验结果，如表 5-5 所示。从表 5-5 的列（8）、列（9）模型回归结果可以看出，核

心解释变量 $MAGG_{it}$ 均在 1% 的水平上显著。

表 5 - 5　　　　　　　　总体模型的稳健性检验结果

变量	(8) 1997~2006 年		(9) 2007~2015 年	
	$NHUM_{it}$	$NHUM_{it}^{*}$	$NHUM_{it}$	$NHUM_{it}^{*}$
$MAGG_{it}$	33.521 *** (7.302)	1.587 *** (0.357)	25.465 *** (4.774)	1.049 *** (0.252)
$lnWAGE_{it}$	37.088 *** (9.18)	1.338 *** (0.449)	25.794 *** (4.378)	1.647 *** (0.231)
$lnCOST_{it}$	0.984 (2.64)	0.104 (0.129)	5.164 *** (1.935)	0.346 *** (0.102)
$lnEDU_{it-1}$	6.749 (7.133)	0.611 ** (0.349)	-3.483 (3.053)	-0.424 *** (0.161)
Constant	-445.183 *** (37.372)	-20.808 *** (1.828)	-204.374 *** (16.262)	-9.869 *** (0.859)
Adj R^2	0.823	0.872	0.984	0.986
Obs	300	300	270	270
Method	FE	FE	FE	FE

注：① ** 、 *** 分别表示在 5% 和 1% 的水平上显著，括号内为各解释变量标准差；②本表各列回归结果排序接表 5 - 4。
资料来源：笔者计算整理而得。

　　总体而言，中国各省（区、市）的对外开放程度存在较大差异。表现为东部地区开放程度较高、西部地区开放程度较低。为了验证区域差异对于人力资本积累的影响，可以将总体样本分为沿海区域和内陆区域，并分别予以回归。模型分区域样本回归结果，如表 5 - 6 所示。

表 5 - 6　　　　　　　　模型分区域样本回归结果

变量	沿海区域[a]			内陆区域[b]		
	(10) $EHUM_{it}$	(11) $EHUM_{it}$	(12) $EHUM_{it}$	(13) $WHUM_{it}$	(14) $WHUM_{it}$	(15) $WHUM_{it}$
$MAGG_{it}$	0.492 *** (0.187)	0.658 *** (0.179)	0.492 ** (0.225)	0.3 (0.459)	0.402 (0.453)	0.3 (0.39)
$lnWAGE_{it}$	1.129 *** (0.191)	1.35 *** (0.162)	1.129 *** (0.225)	-0.416 (0.353)	0.081 (0.293)	-0.416 (0.45)

续表

变量	沿海区域[a]			内陆区域[b]		
	（10） $EHUM_{it}$	（11） $EHUM_{it}$	（12） $EHUM_{it}$	（13） $WHUM_{it}$	（14） $WHUM_{it}$	（15） $WHUM_{it}$
$lnCOST_{it}$	−0.47 *** （0.078）	−0.401 *** （0.073）	−0.47 ** （0.185）	−0.022 （0.093）	−0.064 （0.091）	−0.022 （0.142）
$lnEDU_{it-1}$	0.443 *** （0.153）	0.155 （0.132）	0.443 ** （0.253）	1.252 *** （0.248）	0.909 *** （0.208）	1.252 *** （0.331）
Constant	−5.489 *** （0.869）	−4.135 *** （0.854）	−5.489 ** （1.915）	−5.376 *** （1.395）	−5.328 *** （1.433）	−5.376 ** （2.015）
Adj R^2	0.907	0.787	0.79	0.841	0.781	0.784
Obs	399	399	399	171	171	171
Method	FE	RE	D-K	FE	RE	D-K

注：**、***分别表示在5%和1%的水平上显著，括号内为各解释变量标准差。a. 沿海区域包括：北京、天津、河北、辽宁、上海、江苏、浙江、福建、山东、广东、广西、海南、山西、内蒙古、吉林、黑龙江、安徽、江西、河南、湖北、湖南（沿海区域包括沿海省（区、市）所能够辐射的周边经济腹地省（区、市））；b. 内陆区域包括：重庆、四川、贵州、云南、陕西、甘肃、宁夏、青海、新疆。

资料来源：笔者运用Stata15.1软件计算整理而得。

表5-6各列显示了对于沿海区域以及内陆区域分别使用固定效应模型、随机效应模型以及德里斯科尔-克雷标准误估计法（Driscoll Kraay Standard error regression，D-K）得到的模型回归结果。从列（10）~列（12）回归结果分析可知，对于开放程度较高的沿海区域而言，使用固定效应回归方法所得的制造业集聚度$MAGG_{it}$、平均实际工资$WAGE_{it}$、贸易成本$lnCOST_{it}$、财政教育投入$lnEDU_{it-1}$均在1%的水平上显著，使用德里斯科尔-克雷标准误估计法（D-K）消除异方差后，核心解释变量$MAGG_{it}$仍然在5%的水平上显著，表明对沿海区域而言，制造业集聚对于人力资本要素积累存在正向影响，此外，工资水平的上升、贸易成本的降低以及财政教育投入的增加，均有利于人力资本要素的积累。从列（13）~列（15）回归结果分析可知，对于开放程度较低的内陆区域而言，制造业集聚度$MAGG_{it}$、平均实际工资$WAGE_{it}$、贸易成本$lnCOST_{it}$均未通过模型显著性检验，表明对中国内陆区域而言，仅教育财政投入对人力资本要素积累具有显著的正向影响，而核心解释变量制造

业集聚对人力资本积累影响不显著。

基于以上实证研究结果，中国沿海区域及内陆区域有较为显著的经济水平差异以及产业特征差异。首先，就经济开放程度及经济发展水平更高的沿海区域而言，其正在经历产业结构重心从工业向服务业的转移，制造业结构的变动符合从劳动密集型产业、资本密集型产业向知识密集型产业、技术密集型产业调整的趋势，制造业结构的调整和集聚对沿海区域人力资本要素的积累效果更加明显。而对中国内陆区域而言，区域集聚的制造业以资源密集型产业、劳动密集型产业为主，低技术水平的制造业行业特征导致产业集聚对当地人力资本积累效果并不显著；其次，内陆区域开放度低于沿海区域，意味着内陆区域吸引对外直接投资（FDI）、利用外资技术溢出能力较弱，行业集聚对其区域人力资本要素积累的影响并不显著；最后，内陆区域经济发展水平总体上不及沿海区域，城市基础设施及公共服务不完善使得较高的人力资本要素向沿海区域转移，人力资本要素的空间选择效应进一步弱化了产业集聚对于人力资本要素积累的影响。

5.1.6　主要研究结论及其政策含义

本小节通过选取 1997～2015 年中国区域面板数据为样本，实证考察了中国各省（区、市）的制造业集聚对人力资本要素积累的影响。通过模型实证回归结果，可以将研究结论总结为以下三点。

第一，就中国省级层面总体样本而言，制造业集聚对于地区人力资本要素积累存在显著的正向效应，表明制造业集聚对人力资本积累具有显著的促进作用。

第二，工资水平、财政教育投入对人力资本要素积累的影响显著为正，贸易成本对人力资本要素积累的影响显著为负。这一实证结论与理论预期相吻合，工资水平和财政教育投入两个变量的估计值显著为正，表明工资水平和财政教育投入两个变量作为人力资本积累的向心力。贸易成本变量作为人力资本积累的离心力，估计值显著为负，表明贸易成本高的区域不利于实现人力资本要素的积累。

第三，考虑到样本的区域开放程度异质性特征，将总体样本分为沿海区域和内陆区域两个子样本，并对其分别进行回归，模型回归结果表明，对中国沿海区域而言，制造业集聚对其人力资本积累的影响显著为正，表明沿海区域制造业集聚的人力资本积累效应显著为正，对内陆区域而言则不成立。

研究的政策含义在于：深化改革开放，能够进一步推动中国沿海区域深度参与全球价值链分工体系，不断提升区域产业集聚的规模与层次，为本区域人力资本积累提供重要的历史机遇与发展契机。其政策启示是，对于内陆区域而言，应当充分把握历史机遇期，通过提升区域对外开放格局，不断提升区域对外开放水平及区域对外开放层次，以更好地参与全球价值链分工体系，加快区域生产要素结构调整，实现知识密集型、技术密集型的中高端制造业不断集聚，强化区域产业内知识溢出及区域产业间知识溢出，带动区域人力资本要素的不断积累以实现区域产业转型升级。

5.2　区域异质性、产业集聚与产业创新：中国省级层面面板数据的实证

5.2.1　问题的提出

创新发展作为中国经济发展进入新常态的必然要求，是引领中国实现从制造大国向制造强国转型的重要驱动力。纵观西方发达国家的发展历程，其制造业大多经历了从资源密集型制造业、劳动密集型制造业的粗放型发展到资本密集型、知识密集型的集约型发展的转变，在世界经济一体化格局进程中，完成全球价值链构建及产业重构的变迁，而驱动变迁的核心动力是科技创新。

创新是一个古老而常新的经济学命题，主流研究大都从引致创新的

因素入手，聚焦于探讨支撑区域创新的动力机制（Hu and Jefferson，2001；Furman et al.，2002）。在新经济地理学研究框架下，区域产业的集聚过程伴随着生产要素的空间集聚，而人力资本要素作为知识创造主体，其空间集聚必将影响区域创新产出（Berliant and Fujita，2009）。随着异质性概念被引入 NEG 研究框架（Melitz，2009），企业异质性视点即厂商的生产率差异逐渐成为探讨产业集聚命题的一个新视角（Cabral et al.，2004；Baldwin and Okubo，2006）。

基于中国对外开放及区域开放的"二重性"（赵伟，2006），本章认为，"产业集聚之于区域创新"理论命题需要引入新的异质性视角，即区域异质性。从理论上，区域间的产业集聚特征、开放程度等存在显著差异。具体而言，本章从区域异质性视角切入，在 NEG 理论研究框架下探讨产业集聚之于区域创新的作用机理，并运用中国区域层面的面板数据对相关命题加以验证。

5.2.2　文献回顾

对产业集聚之于区域创新命题的研究，可追溯到奥德兹和弗里德曼（1996）开展的实证研究，其结果发现，产业创新活动存在显著的地理集中特征。阿歇姆和伊萨克森（Asheim and Isaksen，1997）认为，地区的专业化集聚体现了部门之间知识的交互影响，有利于创新产出。奥德兹和弗里德曼（2004）认为，此前十年聚焦创新研究最大的突破在于将地理因素纳入研究框架，指出传统的知识投入会引发创新产出，企业的空间集聚会影响创新产出水平。

关于上述命题的理论研究，大多侧重于从微观层面解释具备异质性知识的劳动力合作能够实现新知识的创造（创新）。如弗瑞希和罗纳德（Fosfuri and Ronde，2004）构建了知识溢出内生于劳动力流动的创新积累模型，以揭示厂商之间为实现相互的知识溢出而倾向于集聚布局的内在激励机制。博林特等（Berliant et al.，2006）以传统匹配理论为蓝本，拓展了知识交换与知识创造的一般均衡理论模型，以揭示具有不同类型知识的经济个体（Agent）寻找合作搭档以完成知识交换（knowledge exchange），并由此形成人口集聚以及生产效率提升的内在机理。博林特和藤田（Berliant and Fujita，2009）构建了动态知识创造与动态知识转移的理论模型，认为异质性知识储备对于两个人成功合作创造新知识至关重要，且这一知识创造效应通过不断积累两个人的共有知识（knowledge in common）影响异质性知识储备。博林特和藤田（2011，2012）通过构建一般均衡模型，揭示相对于具有相同文化背景及相同知识背景的工人合作而言，具有多样化文化背景及多样化知识背景的工人合作，对新知识创造的生产率更高。得出相似结论的还有，奥塔维亚诺和佩里（Ottaviano and Peri，2006）开展的关于具有多样化知识背景的城市居民对区域创新影响的研究。

关于上述命题展开的实证研究，如巴蒂斯塔和斯旺（Baptista and Swann，1998）使用英国 1975 ~ 1982 年 248 家制造业企业数据进行分析，指出专业化集聚企业更具创新性，原因在于，专业化集聚实现的新知识、新技术的积累与外溢。弗里德曼和奥德兹（Feldman and Audretsch，1999）认为，地区专业化集聚不会影响地区创新产出的增长，而共享相同知识（common science）的多样化产业集聚，对地区创新产出的影响更大。内森和李（Nathan and Lee，2011）证实了有多样化文化背景的企业更具创新性，这种创新主要体现在新产品的产出及生产过程的革新。贝乌拉和贝弗伦（Beule and Beveren，2011）发现，专业化集聚有利于低技术制造业部门和服务业部门的创新，多样化集聚有利于高技术产业部门、高技术服务业部门的创新，即多样化集聚更有利于高技术产业部门获得更多知识溢出。

中文文献从理论和实践两方面对产业集聚关于区域创新命题展开研究，理论方面，赵勇和白永秀（2009）概括性地分析了知识溢出、集聚与创新三者之间的内在逻辑关系，并将知识溢出机制概括为人才流动、研发、企业家创业及贸易投资四种方式。张萃（2010）对产业集聚关于区域创新效应的微观机制进行梳理，将其概括为知识溢出机制、知识特有属性机制以及集聚企业互动机制。齐讴歌等（2012）从知识创造、知识溢出和知识积累角度阐述了集聚的发生机制，指出城市集聚的外部性可以促进知识创造与知识积累。实证方面，刘军等（2010）使用中国省级面板数据证实了制造业集聚对于产业创新的正向影响，对制造业细分行业的回归结果表明，传统制造业集聚及高新技术制造业集聚有利于产业创新，而资源依赖型产业集聚对地区产业创新活动具有抑制作用。张苹（2012）运用2000~2005年中国20个制造业细分行业的面板数据，考察了中国制造业集聚对技术创新的影响，结果显示，中国的制造业集聚对于技术创新效应显著。韩宝龙和李琳（2011）、张昕和陈林（2012）等也进行了相关研究。

综上所述，围绕产业集聚与创新的理论研究和实证研究虽然不少，但大多未考虑区域间的异质性特征。针对中国经济发展现实而言，区域间无论是集聚产业特征还是开放程度均存在显著差异，这种差异如何影响区域创新水平还需进一步研究。

5.2.3　理论模型构建

沿用王春晖（2016）的研究构建 O－P 模型的知识创造函数，并将其引入区域生产函数，构建理论研究框架，讨论在区域异质性特征条件下，劳动者的异质性知识对于区域产业创新的影响。

1. 模型的基本设定

假设有 L_c 个劳动者的区域 C 及其相邻区域 C^*。对于任一区域而言，每个劳动者均提供一单位劳动，工资收入 ω 用于支付地租 H 和某种商品，个人效用函数，见式（5－10）：

$$U_{ic} = A\,H_{ic}^{1-\mu}Y_{ic}^{\mu},\ 0 < \mu < 1$$
$$\text{s. t. } \omega_{ic} = r_{ic}H_{ic} + p_{ic}Y_{ic} \tag{5－10}$$

根据博林特和藤田（2012）的研究思路，劳动者 i 与劳动者 j 的合作依赖于各自掌握的知识，其中，i 与 j 的共有知识为 n_{ij}^c，i 有而 j 没有的知识为 n_{ij}^d，j 有而 i 没有的知识为 n_{ji}^d。i 与 j 合作时的知识总产出，见式（5 – 11）：

$$n_{ij} = n_{ij}^c + n_{ij}^d + n_{ji}^d \qquad (5 - 11)$$

对于区域 C 的任一劳动者 i 而言，知识创造可以独立完成，或者选择与区域内劳动者 j、区域外劳动者 j^* 合作完成。知识创造函数，见式（5 – 12）：

$$A_Y(m_{ij}^d) = \delta_{ii}\, a_{ii} + \sum \delta_{ij} G(m_{ij}^d, m_{ji}^d) + \sum \tau\, \delta_{ij*} G(m_{ij*}^d, m_{j*i}^d) \qquad (5 - 12)$$

在式（5 – 12）中，$G(m_{ij}^d, m_{ji}^d)$ 表示劳动者 i 与劳动者 j 的异质性知识结构函数，且 $m_{ij}^d = \dfrac{n_{ij}^d}{n_{ij}}$，$m_{ji}^d = \dfrac{n_{ji}^d}{n_{ji}}$；$\delta_{ii} = 1$ 表示劳动者 i 选择单独进行知识创造的概率；$\delta_{ij} = 1$ 则表示劳动者 i 选择与劳动者 j 合作完成知识创造的概率，当且仅当 $\delta_{ij} = \delta_{ji} = 1$ 时，劳动者 i 与劳动者 j 同时选择与对方合作完成知识创造，此时，合作才能实现。其中，τ 表示劳动者 i 与劳动者 j^* 合作的沟通成本系数，$0 < \tau < 1$，τ 越大表示沟通成本越小。

通过求解代表性劳动者 i 的效用最大化条件，可得劳动者 i 的间接效用函数式（5 – 13）：

$$V_{ic} = A\,(1 - \mu)^{1-\mu} \mu^\mu \frac{E_{ic}}{r_c^{1-\mu} p_c^\mu} = \alpha A \left(\frac{1-\mu}{1-\alpha\mu}\right)^{1-\mu} \left(\frac{H_c}{L_c}\right)^{1-\alpha\mu} A_Y^\mu \qquad (5 - 13)$$

根据 P – O 模型，区域的生产函数，见式（5 – 14）：

$$Y_{jc} = A_Y(m_{ij}^d) H_{jc}^{1-\alpha} L_{jc}^\alpha, \quad 0 < \alpha < 1$$

$$\text{s. t.} \quad p_c Y_{jc} = \omega_{jc} L_{jc} + r_{jc} H_{jc} \qquad (5 - 14)$$

在 B – F 模型中，知识生产函数 $G(m_{ij}^d, m_{ji}^d)$ 的具体形式，见式（5 – 15）：

$$G(m_{ij}^d, m_{ji}^d) = \frac{\beta\,(1 - m_{ij}^d - m_{ji}^d)^\theta (m_{ij}^d m_{ji}^d)^{\frac{1-\theta}{2}}}{1 - m_{ji}^d}, \quad \text{其中，} 0 < \theta < 1 \qquad (5 - 15)$$

为简化计算，设定区域劳动者的异质性知识数量相等，即 $m_{ij}^d = m_{ji}^d = m_{ij*}^d = m_{j*i}^d = m^d$，可得劳动者 i 的间接效用函数：

$$V_{ic} = \Omega \left[\alpha_{ii} + (1 + \tau) \frac{\beta (1 - 2 \, m^d)^{\theta} (m^d)^{1-\theta}}{1 - m^d} \right]^{\mu} \qquad (5-16)$$

在式（5-16）中，$\Omega = \alpha A \left(\dfrac{1-\mu}{1-\alpha\mu} \right)^{1-\mu} \left(\dfrac{H_c}{L_c} \right)^{1-\alpha\mu}$。

2. 模型的比较静态分析

首先，求劳动者 i 的间接效用函数 V_{ic} 对区域劳动者的异质性知识数量 m^d 的偏导数，见式（5-17）：

$$\frac{\partial V_{ic}}{\partial m^d} = \Omega \Psi \frac{\beta (m^d)^{1-\theta} (1 - 2 \, m^d)^{\theta-1} \left[(1 - 2 \, m^d) m^d + 2\theta (m^d - 1) \right]}{(1 - m^d)^2}$$

$$(5-17)$$

当 $m^d = \dfrac{1}{2}$ 时，$\dfrac{\partial V_{ic}}{\partial m^d} = 0$，根据 m^d 的定义域进行分段讨论：

当 $m^d \in \left(0, \dfrac{1}{2} \right)$ 时，$\dfrac{\partial V_{ic}}{\partial m^d} > 0$；当 $m^d \in \left(\dfrac{1}{2}, 1 \right)$ 时，$\dfrac{\partial V_{ic}}{\partial m^d} > 0$。

显然，随着区域劳动力知识结构异质性的提升，新知识产出将不断增加，从而在提升城市产出水平过程中，实现区域劳动者效用水平的提高。

推论 5-1：相同产业集聚的劳动力知识结构异质性较低，多产业集聚的劳动力知识结构异质性较高，因而，较之单一产业特征的区域，区域的产业多样化更有利于实现区域创新水平提升。

其次，为了考察劳动者之间的沟通成本系数 τ 对新知识产出的影响，求 V_{ic} 对 τ 的偏导数：

$$\frac{\partial V_{ic}}{\partial \tau} = \Omega \, \mu \left[\alpha_{ii} + (1 + \tau) \frac{\beta (1 - 2 \, m^d)^{\theta} (m^d)^{1-\theta}}{1 - m^d} \right]^{\mu-1}$$

$$\left[\frac{\beta (1 - 2 \, m^d)^{\theta} (m^d)^{1-\theta}}{1 - m^d} \right] \qquad (5-18)$$

当且仅当 $m^d \in \left(0, \dfrac{1}{2} \right)$ 时，$\dfrac{\partial V_{ic}}{\partial \tau} > 0$。

显然，只有在区域内劳动者知识结构异质性差异较小的前提下，劳动者之间的沟通成本系数降低（τ 越大），有利于区域内新知识产出的增加。

推论 5 - 2： 较之产业多样化特征的区域，单一产业特征的区域内劳动者知识结构差异较小，区域开放程度深化可以降低劳动者沟通成本系数、引致产业内知识溢出，实现区域创新水平提升。

5.2.4　实证研究

1. 模型与变量

为了验证理论模型的上述两个推论，本节构建模型，运用中国区域层面数据进行检验。根据格里齐（Griliches，1979，1990）和张萃（2012），选择使用知识生产函数构建模型，见式（5 - 19）：

$$\ln INNO_{it} = \alpha_0 + \alpha_1 M\, AGG_{it} + \alpha_2 DIV_{it} + \alpha_i \sum Control_{it} + \varepsilon_{it}$$

$$(5 - 19)$$

在式（5 - 19）中，被解释变量为区域创新指标 $\ln INNO_{it}$，以各年度、各区域三类专利授权量（单位：件）表示（Beule and Beveren，2011）。[①]

对模型的核心解释变量，作以下两点说明。

（1）产业专业化指标（$MAGG_{it}$）：根据亨德森等（1995，1997）和格莱赛等（1992，2002）的研究，选取区域制造业的区位熵作为区域产业集聚专业化程度指标，用 t 年 i 区域制造业就业人数与总就业人数的百分比除以 t 年全国制造业就业人数与全国总就业人数的百分比表示。

（2）产业多样化指数（DIV_{it}）：根据谢燮和杨开忠（2003）的研究，选取区域产业多样化指数。$DIV_{it} = \dfrac{1}{\sum S_i^2}$，其中，$S_i$ 表示 i 区域 t 年某产业的就业人数占该区域总就业人数的比重，本章选取 9 个行业测算

[①]　按照国家统计局统计口径，三类专利授权量分别指发明专利、新型实用专利以及外观设计专利。

该指标。①

除考虑以上两个核心解释变量对区域创新的影响外，模型中还引入以下四个控制变量。

（1）区域科技人员投入（RDE_{it}）：根据张萃（2012）、张昕和陈林（2012）的研究，区域研发人员数量对于区域产业创新具有明显的影响效果，以各年度、各区域科技人员数（单位：万人）表示。

（2）区域研发经费投入（RDI_{it}）：根据刘军（2012）、牛冲槐等（2012）、张昕和陈林（2012）的研究，区域研发经费投入对于区域产业创新具有显著的影响效果，以各年度、各区域研发机构经费筹集数量（单位：亿元）表示。

（3）对外开放程度（FDI_{it}）：根据潘文卿（2003）、冼国明等（2005）的研究，以各年度、各区域三资企业总资产数量（单位：亿元）表示。

（4）交互项：MF_{it}（$MAGG_{it} \times \ln FDI_{it}$）表示产业专业化水平与对外开放程度对区域创新水平的交互影响。DF_{it}（$DIV_{it} \times \ln FDI_{it}$）表示产业多样化与对外开放程度对区域创新水平的交互影响。

综上所述，总体模型，见式（5-20）：

$$\ln INNO_{it} = \alpha_0 + \alpha_1 MAGG_{it} + \alpha_2 \ln RDE_{it} + \alpha_3 \ln RDI_{it}$$
$$+ \alpha_4 \ln FDI_{it} + \alpha_5 MF_{it} + \varepsilon_{it}$$
$$\ln INNO_{it} = \alpha_0 + \alpha_1 DIV_{it} + \alpha_2 \ln RDE_{it} + \alpha_3 \ln RDI_{it}$$
$$+ \alpha_4 \ln FDI_{it} + \alpha_5 DF_{it} + \varepsilon_{it} \qquad (5-20)$$

本章选取1997~2015年中国的30个省（区、市）的面板数据作为研究样本。

2. 总样本回归

本章使用统计软件Stata12.1进行回归分析。使用瓦尔德（Ward）检验、似然比（LR）检验以及豪斯曼检验选择恰当的估计方法，若

① 国民经济行业分类标准于2002年进行了调整，按照历年《中国劳动统计年鉴》对2002年前后的统计口径进行了相应调整与计算，并将最终结果进行了均值标准化处理。

Hausman 检验拒绝原假设，则使用固定效应回归方法；反之，使用随机效应回归方法。在本章中，Hausman 检验表明，区域产业专业化及多样化模型的估计结果均拒绝原假设，因此，选择固定效应回归方法。模型总样本回归结果，如表 5 – 7 所示。

表 5 – 7　　　　　　　　　　　模型总样本回归结果

变量	(1) $\ln INNO_{it}$	(2) $\ln INNO_{it}$	(3) $\ln INNO_{it}$	(4) $\ln INNO_{it}$
$MAGG_{it}$	-4.24*** (0.438)	-4.4779*** (0.4273)	—	—
DIV_{it}	—	—	3.4606*** (0.3665)	3.5545*** (0.3693)
$\ln RDE_{it}$	0.6744*** (0.0776)	0.4789*** (0.073)	0.5539*** (0.0754)	0.3223*** (0.6854)
$\ln RDI_{it}$	0.376*** (0.0727)	0.2518*** (0.068)	0.3747*** (0.0712)	0.296*** (0.6616)
$\ln FDI_{it}$	0.3475*** (0.0517)	0.3508*** (0.0513)	1.3039*** (0.0645)	1.3107*** (0.0632)
MF_{it}	0.4902*** (0.049)	0.5015*** (0.0491)	—	—
DF_{it}	—	—	-0.4591*** (0.0466)	-0.4721*** (0.047)
Constant	-0.7559 (0.7711)	1.5628** (0.6825)	-7.2484*** (0.9055)	-4.8783*** (0.8697)
Obs	570	570	570	570
Adj R^2	0.9471	0.9741	0.9468	0.9468
Method	FE	RE	FE	RE

注：**、***分别表示在5%和1%的水平上显著。"—"表示无数据。
资料来源：笔者运用 Stata12.1 软件计算整理而得。

基于表 5 – 7 的总样本回归结果，可得出以下两个结论。

第一，就模型总样本估计结果而言，区域产业专业化对区域创新水平的影响显著为负；而区域产业多样化对区域创新水平的影响显著为正。该结论证实了推论 5 – 1。该结论的微观解释是，区域产业多样化意味着更多具有异质性知识背景的劳动者之间的经济交往与经济合作，通常会有助于促进该区域新知识的产出。

第二，就两个模型的交叉项估计结果而言，区域对外开放与产业专业化的交叉项对区域创新的影响在 1% 的显著性水平上通过检验，估计值为正；区域对外开放与产业多样化的交叉项对区域创新的影响在 1% 的显著性水平上通过检验，估计值为负。该结论间接证实了推论 5－2。

考虑到中国区域样本的异质性特征，这一实证结论表明，就中国总体样本而言，区域创新显著得益于对外开放过程中的产业专业化。尤其对于东部沿海地区而言，改革开放 40 余年来，大规模外商直接投资（foreign direct investment，FDI）与制造业专业化驱动了中国区域创新能力不断提升。随着沟通成本不断降低，相同产业内具有较小知识结构差异的人能通过共享行业内的知识溢出提高创新产出，因此，MF_{it} 估计值显著为正；而对于呈现多样化特征的区域而言，区域间产业布局未能形成有效的上下游关联，沟通成本较高，影响产业间的异质性知识溢出和区域创新产出，因此，DF_{it} 估计值对区域创新的影响显著为负。

第三，无论对区域产业专业化集聚还是区域产业多样化集聚而言，区域研发人员投入、区域研发经费投入以及对外开放程度均对区域创新水平具有显著的正向影响。

3. 分样本回归

中国不同省（区、市）存在显著的开放度差异，可以从区域异质性视角出发，探讨影响不同开放度区域创新水平的因素。沿用王春晖（2016）的研究方法，对总样本 1997～2015 年中国的 30 个省（区、市）观测期的对外开放指标求均值并进行排序，将总样本划分为高、中、低三个分样本。其中，高开放度区域分样本包括：广东、江苏、上海、浙江、山东、福建、辽宁、天津、北京、河北；中开放度区域分样本包括：湖北、河南、四川、安徽、重庆、广西、吉林、江西、内蒙古、山西；低开放度区域分样本包括：湖南、黑龙江、陕西、海南、云南、贵州、宁夏、甘肃、青海、新疆。使用 Stata12.1 软件分别对三个分样本进行回归分析，分样本回归结果，如表 5－8 所示。

表5－8　　　　　　　　　　　　分样本回归结果

解释变量	高开放度区域分样本		中开放度区域分样本		低开放度区域分样本	
	（5）	（6）	（7）	（8）	（9）	（10）
$MAGG_{it}$	−7.428*** (1.118)	—	−8.249*** (1.231)	—	−1.089 (0.895)	—
DIV_{it}	—	3.06*** (1.165)	—	9.193*** (1.403)	—	4.246*** (0.782)
$\ln RDE_{it}$	0.633*** (0.099)	0.454*** (0.105)	1.513*** (0.166)	1.015*** (0.152)	0.129 (0.15)	0.199 (0.122)
$\ln RDI_{it}$	0.266*** (0.107)	0.102 (0.094)	0.203 (0.131)	0.062 (0.12)	0.447*** (0.131)	0.451*** (0.114)
$\ln FDI_{it}$	0.104 (0.148)	1.402*** (0.125)	−0.151 (0.15)	2.269*** (0.217)	0.675*** (0.12)	1.562*** (0.196)
MF_{it}	0.777*** (0.118)	—	1.178*** (0.171)	—	−0.173 (0.192)	—
DF_{it}	—	−0.375*** (0.133)	—	−1.25*** (0.189)	—	−0.704*** (0.136)
Constant	2.43 (0.118)	−7.073*** (1.432)	−5.687*** (1.72)	−17.91*** (2.18)	3.084** (1.207)	−4.217** (1.827)
Obs	190	190	190	190	190	190
Adj R²	0.949	0.94	0.925	0.923	0.914	0.914
Method	FE	FE	FE	FE	EF	RE

注：①**、***分别表示在5%和1%的水平上显著，"—"表示无数据；②本表各列回归结果排序接表5－7。

资料来源：笔者运用Stata 15.1软件计算整理而得。

基于表5－8的分样本回归结果，可得出以下四点结论。

第一，区域异质性特征的分样本回归所得结论与上文总样本回归所得结论基本保持一致。其中，列（6）、列（8）、列（10）的回归结果显示，就产业多样化而言，无论是高开放度区域分样本、中开放度区域分样本还是低开放度区域分样本，其区域产业多样化集聚对区域创新的影响均显著为正；列（5）、列（7）、列（9）的回归结果显示，就产业专业化而言，仅高开放度区域分样本与中开放度区域分样本的模型估计结果通过显著性检验，证实专业化集聚对于区域创新的影响显著为负；但是，低开放度区域分样本的模型估计结果未通过显著性检验，表现为不显著。

第二，列（5）~列（8）的模型回归结果显示，无论产业专业化还是产业多样化，高开放度区域分样本与中开放度区域分样本的 $lnRDE_{it}$ 均在1%的显著性水平上通过检验，估计值为正，表明区域创新水平提升，得益于区域人力资本规模增加；而列（9）和列（10）的模型回归结果显示，对低开放度区域分样本而言，助推其区域创新水平提升的主要因素仍然是资本大规模投入。该结论表明，随着中国人口受教育水平的不断提升，开放度较高的区域更有利于实现人力资本集聚、积累，进而可以通过更大范围的知识溢出和新知识的创造提升区域创新水平；而低开放度区域不能形成吸引人力资本集聚的有效向心力，区域创新只能依赖于传统的规模性资本投入。

第三，列（5）、列（7）、列（9）模型回归结果显示，$lnFDI_{it}$ 仅在低开放度区域分样本模型中通过显著性检验，估计值为正，而在高开放度区域分样本模型、中开放度区域分样本模型中均不显著。该结论表明，对高开放度区域分样本、中开放度区域分样本的产业专业化而言，传统的如吸引 FDI 等对外开放政策已经不能有效地提升区域创新水平；而对低开放度区域而言，深化对外开放政策对提升区域创新水平仍然有效。列（6）、列（8）、列（10）的模型回归结果显示，$lnFDI_{it}$ 均在1%的显著性水平上通过检验，估计值为正，表明对高开放度区域分样本、中开放度区域分样本、低开放度区域分样本三个区域而言，依靠深化对外开放政策来促进区域内产业链延伸，强化上下游产业衔接，对提升区域创新水平具有显著的正向作用。

第四，列（5）、列（7）、列（9）的模型回归结果显示，对外开放与产业专业化的交叉项 MF_{it} 在高开放度区域模型估计中、中开放度区域模型估计中均通过显著性检验，估计值为正，而在低开放度区域模型估计中未通过显著性检验。列（6）、列（8）、列（10）的模型回归结果显示，对外开放与产业多样化的交叉项 DF_{it} 在高开放度区域分样本模型估计中、中开放度区域分样本模型估计中、低开放度区域分样本模型估计中均通过显著性检验，估计值为负。该实证结论与总样本模型估计结论一致。

5.2.5 NEG 异质性的三个研究视角

自梅利兹（Melitz，2003）将企业异质性概念引入国际贸易理论之后，厂商生产率差异视角下的产业集聚理论及实证研究逐渐成为热点。通过文献梳理可知，目前，NEG 异质性视角下的产业集聚研究，可以分为两个较清晰的研究视角。

第一个是企业异质性视角，相关理论研究及实证研究均旨在探讨厂商生产率差异对其选址及产业集聚的影响。如鲍德温和大久保卓治（2006）、大久保卓治等（2010）、福斯里德等（2012）、库姆斯等（2012）、梁琦等（2016）。

第二个是产业异质性视角，NEG 经典理论框架的构建大多以两区域、两行业（中国的南方地区－北方地区，农业－制造业）为基础，其中，农业为规模报酬不变行业，制造业为规模报酬递增行业。事实上，自韦伯的工业区位理论开始，大量研究文献均注意到不同行业特征对区位选择的影响。核心－外围模型探讨了贸易成本对形成制造业核心以及农业外围的影响，而不同行业从研发、生产到运输、销售等环节均存在特定差异，因而贸易成本对不同行业区位布局的影响不尽相同。埃里森和格莱赛（1991）构建埃里森-格莱赛指数，测度不同产业的协同集聚程度。维纳布尔斯（1996）引入垂直关联模型，探讨上下游产业集聚。陈健和史修松（2008）从行业异质性视角切入，实证探讨行业关联对于制造业、生产性服务业协同发展的影响。黄斯婕和张莘（2016）运用中国城市层面数据，实证检验生产性服务业的各细分行业（行业异质性）对城市生产率的影响差异。

然而，NEG 视角下对中国区域层面产业集聚问题的大量研究忽略了一个重要的异质性视角，即区域异质性（空间异质性）视角。赵伟（2002）提出关于中国区域"二重开放"的理论命题，即中国区域层面的对外开放与区域间的开放程度存在显著的"二重性"（差异）。相关研究已证实区域开放对产业空间布局的影响（张萃和赵伟，2007，2009；袁冬梅和魏后凯，2011；赵伟和王春晖，2012）。可见，从区域异质性视角切入，探讨区域异质性对厂商空间区位选择的影响是一个新论题。近年来，关于该论题的理论研究及实证研究尚不多见，如孙久文和姚鹏（2014）关于中国区域经济差距的研究，注意到区域间的空间异质性特征。张辉等（2016）在 NEG 框架下，对中国金融产业布局的研究提到了贸易自由度对先发区域金融业集聚的虹吸效应。

可见，NEG 视角下对中国产业集聚问题的全面考察，不能忽略的现实是要将微观层面的企业和中观层面的行业及区域异质性特征纳入分析框架。因此，需要综合企业、产业、区域三个异质性视角，对中国的产业集聚问题进行研究。

5.2.6 研究结论及政策含义

本节在 NEG 研究框架下，通过在 O－P 模型中引入知识创造函数构建两区域知识创造模型，从微观视角探讨存在知识结构差异的劳动者合作对新知识创造的影响，进一步从区域产业异质性及区域空间异质性两个维度，研究并证实区域产业集聚特征差异与区域开放度差异对区域创新水平的影响。

在此基础上，本节使用中国区域层面的面板数据，实证检验了区域产业集聚特征（区域产业专业化特征、区域产业多样化特征）对区域产业创新水平的影响。就模型总样本回归结果而言，区域产业专业化特征不利于区域创新水平提升，而区域产业多样化特征有利于区域创新水平提升；引入区域异质性特征的分样本回归结果显示，区域开放度提升对专业化产业特征的区域创新水平有显著的负向影响，而对区域多样化产业特征的区域创新水平有显著正向影响。

进一步地，中国的区域开放存在显著的"二重性"特征，本节将总样本以区域开放度为指标进行了分组，并对高开放度区域、中开放度区域、低开放度区域分别进行模型回归及对比分析。通过对各区域模型回归结果进行对比分析，结论为，就中国目前的区域开放格局而言，高开放度区域与中开放度区域已经不能继续依靠吸引 FDI、走区域产业专业化集聚的老路进一步提升区域创新水平，而应该发挥本区域的产业优势，在吸引、利用外资过程中通过培育和延伸本区域的上下游产业链，注重区域内产业多样化协调发展以进一步提升区域创新水平。对于低开放度区域而言，要继续深化对外开放，通过吸引 FDI 提升区域创新水平，更重要的是，要不断提升本区域的开放程度，制定适合本区域的产业政策。在发展优势特色产业的同时，注重上下游产业链培育。还要不断提升本区域人力资本吸引的向心力，以强化人力资本要素集聚对本区域的知识创造效应。

5.2 节的研究结论隐含的政策含义及启示在于，对于中部地区、西部地区的内陆区域而言，其区域开放水平较之东部沿海地区存在一定差距，地方发展战略、产业政策的制定应当充分融合国家开放战略的新形势与新要求，通过不断提高区域开放度水平及产业多样化水平，以集聚发展促进区域创新能力不断提升。

5.3 产业异质性、集聚与创新
——基于中国两大三角洲地区的比较

5.3.1 问题的提出

改革开放 40 余年来，中国经历了快速工业化的发展过程，并创造了"增长的奇迹"，跃居经济总量世界第二。在改革开放进程中，东部沿海地区借助区位优势和雄厚的工业基础，不断地吸引国内外、各地区优质的生产要素，逐渐形成以长三角地区、珠三角地区为代表的支撑中国经济增长的两大引擎。两大三角洲地区从以劳动密集型产业为核心，参与"三来一补"国际贸易分工，逐渐向以吸引 FDI、资本积累和技术进步为基础的资本密集型产业、技术密集型产业集聚与转型升级，不断实现全球价值链分工及国内价值链分工高端化，有效地支撑中国经济高质量发展。建设现代化经济体系要以实体经济为经济发展的着力点，而实体经济的核心部分是制造业（黄群慧，2017）。作为支撑中国经济引擎的长三角地区、珠三角地区，如何进一步发挥区位优势和产业优势，实现以创新发展、绿色发展为引领的新型工业化发展格局，对于中国经济高质量发展具有重要的现实意义。

从现实层面而言，工业发展到特定阶段的一大现实特征，是产业集聚现象的出现。成熟的工业区往往呈现出相同类型制造业在地理空间上的扎堆现象，厂商的扎堆布局可以通过知识溢出、共享市场和基础设施等不断实现生产技术、产品及服务的创新。马歇尔（1890）将产业集聚产生的效应概括为知识溢出效应、外部规模经济效应和基础设施效应。纵观国内外发展历史，意大利传统产业的产业集聚、德国鲁尔区制造业的产业集聚、美国硅谷和日本筑波科学城等高新技术产业的产业集聚、北京中关村移动互联网等产业集聚，均推动了当地创新能力不断提升（柳卸林等，2020）。集聚与创新作为经济学的两个重要命题，厘清作用机制尚需借助异质性视角切入，原因在于不同产业集聚的特征或内涵可能是不同的，其带来的知识溢出、外部规模经济等也可能是不同的，对该地区创新水平的影响可能是有差异的（赵伟，2017）。

本节以长三角地区与珠三角地区为研究对象，拟通过梳理异质性视角下集聚对于创新的影响机理，运用现实数据对长三角地区、珠三角地区总体制造业和各细分制造业进行实证研究，以期对比分析两大三角洲地区制造业集聚对于创新是否具有显著的异质性特征。由此探索以长三角地区、珠三角地区制造业集聚发展为引领的异质性创新发展之路，对于夯实中国产业创新基础，提升产业创新能力，推动中国区域经济高质量发展，具有重要的理论价值和现实意义。

要客观分析产业异质性视角下产业集聚与区域创新之间的关系，需要运用恰当的分析方法，本节的研究方法主要包括以下四种。

1. 文献归纳法

通过对产业异质性、集聚与创新相关文献的查阅，对既有研究成果进行分析和总结，借鉴其选取的相关指标测度方法，归纳研究现状及其优势与不足，为本节研究提供理论基础和思路支撑，并尝试找出可能的创新点。

2. 统计描述法

通过搜集相关数据并测算指标，对2000～2019年长三角地区与珠三角地区的制造业及其20个细分行业的集聚水平和区域创新能力进行统计学描述与现状分析，初步了解长三角地区与珠三角地区省级层面制造业整体与分行业集聚水平和区域创新能力的总体状况，为实证分析提供基本预判。

3. 定性分析与定量分析相结合

本节通过对近年来相关中外文文献进行梳理、归纳和总结，借鉴其研究思路，制定合理的分析框架，并基于2001～2017年《中国工业统计年鉴》，2018年第四次《全国经济普查年鉴》，2001～2020年《中国科技统计年鉴》《中国统计年鉴》、长三角地区与珠三角地区的各省（市）统计年鉴、中经网统计数据库等的相关数据，结合产业集聚与区域创新的相关指标，分析长三角地区与珠三角地区制造业及其主要细分行业的产业集聚、区域创新现状，基于地区发展和产业发展的实际情况合理预测二者之间关系以及未来发展趋势。另外，分析产业集聚与区域创新之间的内在作用机理。

进一步地，本节在实证研究方面主要运用二次多项式模型。首先，根据相关研究文献，选取本节在实证分析部分使用的解释变量和被解释变量；其次，根据样本的数据特征构建合理的计量经济模型，主要运用 EViews 13.0 软件对模型进行拟合，并对回归结果进行相应检验和分析。

4. 比较分析法

首先，通过对2000～2019年制造业及其主要细分行业集聚水平和区域创新能力指标的核算，对长三角地区和珠三角地区的产业集聚和区域创新进行对比分析；其次，通过构建计量经济模型，在区域异质性视角下，对比制造业整体区域集聚在长三角地区、珠三角地区对产业创新影响的异同；最后，在产业异质性视角下，分析不同制造业细分行业产业集聚对区域创新的影响在长三角地区和珠三角地区的异同。通过比较分析方法，有利于明确长三角地区和珠三角地区在制造业产业集聚和区域创新方面的发展现状和未来发展趋势，为因地制宜地制定两大三角洲地区的发展规划提供了理论依据。另外，基于产业异质性角度比较、分析产业集聚对区域创新的影响，可以更加清晰地看出不同细分行业产业集聚对区域创新影响的异同，丰富关于产业集聚问题的研究内容。本节在研究和分析中可能存在以下两个创新点。

（1）研究内容上的创新。关于产业集聚与区域创新的中文文献多以研究全国、某地区或某省（区、市）的三次产业集聚与区域创新之间的关系为主，而本节以中国长三角地区与珠三角地区为样本，对比研究制造业及其20个细分行业产业集聚与区域创新之间的不同关系。

（2）研究方法上的创新。本节在对长三角地区进行实证分析时，主要通过二次多项式模型探索产业集聚与区域创新之间可能存在的"U"型关系或倒"U"型关系；除了对模型进行固定效应估计外，本节尝试通过广义最小二乘法估计（FGLS）模型，以修正面板数据可能存在的异方差和序列相关问题。

5.3.2 文献综述

近年来，产业集聚与区域创新一直是众多学者广泛关注的课题，基于异质性视角进行学术研究，逐渐成为学术界的主流趋势。本节旨在以长三角地区和珠三角地区为例，在异质性视角下研究产业集聚对于区域创新的影响。

1. 关于异质性的研究文献

回顾国内外经济学发展历程可以发现，异质性并不是经济学研究的新命题，学术界早在 1970 年便有所涉及（赵伟，2017）。哈滕和斯堪德尔（Hatten and Schendel，1977）基于 1952~1971 年美国酿酒业的行业数据，对"行业内的异质性"概念进行了阐述和详细分析。鲍德温和大久保卓治（2006）将异质性企业引入空间经济学的新经济地理学模型，用以解释企业内生的区位选择问题，并得出异质性在一定程度上抑制了国内市场效应的结论。梁琦等（2016）通过中外文相关文献，系统地评述了异质性企业区位选择的理论研究和发展历程。赵伟（2017）在研究环境拐点时，将异质性引申至产业，创新性地提出了产业空间异质性，并指出不同地区的集聚产业特征不尽相同。

除了对异质性的描述外，在异质性视角下进行学术研究，逐渐成为众多学者的一个切入点。王春晖（2017）以区域异质性为切入点，研究区域产业特征与开放程度的差异对区域创新产出的作用机制，并归纳了新经济地理学（NEG）之于产业集聚理论的三个异质性研究视角。郭楠楠和王疆（2019）在产业异质性视角下，研究了产业集聚对跨国并购区位选择影响的调节作用。

2. 关于产业集聚与区域创新内涵的研究文献

集聚是空间经济学一个重要的关键词，其刻画的是经济活动在空间的集中（赵伟，2017）。在宏观层面上，集聚表现为一种世界层面的核心—外围格局；在中观层面或者微观层面上，集聚表现为产业集聚。马歇尔较早地发现并关注产业集聚的现象。周玉琪（2017）指出，虽然马歇尔是最先研究产业集聚相关问题的学者，但是，首次提出产业集聚概念的却是区位论的代表人物阿尔弗雷德·韦伯，在其1909 年出版的《工业区位论》（*The Location of Industries*）中对产业集聚进行了较为详细而系统的阐述。梁琦和黄利春（2009）指出，产业集聚是指，同一产业在某个特定的地理区域内高度集中，产业要素在空间范围内不断汇聚的过程。在此基础上，樊秀峰和康晓琴（2013）又从经济地理学角度切入，将产业活动在地理空间上的集聚现象看作产业集聚。

科技创新是衡量产业市场核心价值的重要指标（邵敏等，2019），而经济学中的创新是指，把低效率的生产转化为高效率的生产（徐康宁，2006）。董晓芳和袁燕（2014）指出："企业创新是指，企业对产品、生产技术或管理方法的变革"。于淼和朱方伟（2015）认为："创新既是一个解决问题的过程，也是一个知识搜寻与利用、知识创造与开发的过程"。经济学的创新，可以理解为某地区企业创新产出的增加，体现在新产品的种类、数量（产值）、申请专利授权数等的增加。

3. 相关文献回顾

在产业集聚对区域创新的影响机制方面，苏丹和迪克（Sultan and Dijk，2017）对巴勒斯坦 5 个重要产业集群的 50 家公司调查研究后发现，集聚有利于提升人们的创业技能，促进信息快速传播，促进企业间更加专业化的分工合作，帮助实体企业提高生产力，促进创新型企业诞生，提升区域创新能力和区域创新水平。张可（2019）按照三次产业划分的方法，采用地理二值权重矩阵，引入动态空间杜宾模型（spatial Dubin model，SDM），研究发现长三角地区的 152 个县级行政区域产业集聚对区域创新的影响主要通过空间溢出效应和规模效应实现，其中，空间溢出效应主要表现为邻近区域的创新和集聚，也会对本地区的创新产生积极影响。刘胜等（2019）研究发现，生产性服务业与制造业的协同集聚主要通过完善企业的交易成本结构、进入机制与退出机制以及研发创新激励机制来提高企业创新能力，其促进作用还会受到企业所有制类型、要素密集度、专利密集度等多种因素的影响。赵婷婷和许梦博（2020）以集聚的雅各布斯（Jacobs）外部性、波特（Porter）外部性与马歇尔外部性为切入点，研究发现，产业集聚的雅各布斯外部性与波特外部性在共同推动中国东部地区的区域创新，马歇尔外部性显著推动了中西部地区的区域创新。

关于集聚对创新的影响方面，刘军等（2010）在控制科技人员、科技经费投入与制度创新的条件下，研究得出产业集聚可以显著促进区域创新，但作用效果低于引入的三个控制变量的结论。姚战琪（2020）通过对中国制造业集聚、制造业与知识密集型服务业协同集聚的研究，得出这两种集聚对中国区域创新均具有门槛效应的结论，即当研发资金存量达到一定门槛时，集聚对创新会产生积极影响。汤长安和张丽家（2020）研究发现，制造业与生产性服务业协同集聚水平呈现出中国东部地区、中部地区、西部地区依次递减，产业协同集聚对区域技术创新具有正向的空间溢出效应。柳卸林和杨博旭（2020）研究表明，产业的多元化集聚和专业化集聚均会对区域创新绩效产生显著的正向影响，且随着区域创新能力的提升产业集聚的外部性会降低。

4. 对相关文献的评述

首先，虽然关于产业集聚与区域创新的研究层出不穷，但是，研究结论多为产业集聚在一定程度上推动区域创新；其次，既有研究存在三点不足：一是在产业集聚文献中，很少基于细分的产业异质性视角研究产业集聚与区域创新之间的关系，在分析产业集聚对区域创新的影响时，不够精准；二是既有研究大多分析产业集聚与区域创新间的线性关系，很少涉及二者之间可能存在的"U"型关系或倒"U"型关系；三是很少涉及中国长三角地区与珠三角地区的对比研究。

5.3.3 中国区域层面的现实

国民经济行业分类代码分别在2002年、2011年、2017年进行了修订，本节选择20个分类前后变化不大的两位数细分行业作为产业集聚的研究对象，20个细分行业包括：（13）农副食品加工业、（14）食品制造业、（15）饮料制造业、（16）烟草制品业、（17）纺织业、（22）造纸及纸制品业、（25）石油加工、炼焦及核燃料加工业、（26）化学原料及化学制品制造业、（27）医药制造业、（28）化学纤维制造业、（31）非金属矿物制品业、（32）黑色金属冶炼及压延加工业、（33）有色金属冶炼及压延加工业、（34）金属制品业、（35）通用设备制造业、（36）专用设备制造业、（37）交通运输设备制造业、（39）电气机械及器材制造业、

（40）通信设备、计算机及其他电子设备制造业、（41）仪器仪表及文化办公用机械制造业。

另外，本节所列各行业的分类代码引自 2002 年修订的《国民经济行业分类标准》（GB/T 4754—2002），其中，饮料制造业、石油加工、炼焦及核燃料加工业、通信设备、计算机及其他电子设备制造业、仪器仪表及文化办公用机械制造业的名称在几次修订过程中有些许变化，但其核算口径大致相同。另外，交通运输设备制造业在 2011 年修订《国民经济行业分类》中被分为汽车制造业与铁路、船舶、航空航天和其他运输设备制造业，故本节将相关数据合并处理。

本节选取区位熵测度产业集聚水平，通过国内三种专利申请授权数与每一万名从业人员拥有的国内三种专利申请授权数测度区域创新水平，2000～2019 年对中国长三角地区与珠三角地区产业集聚和区域创新的发展历程进行描述分析，并尝试探索其主要变化原因。鉴于数据的可得性，本节以长三角地区的上海市、江苏省、浙江省、安徽省、珠三角地区的广东省作为分析单位。

1. 中国两大三角洲地区制造业集聚现状分析

本节通过 2000～2019 年中国两大三角洲地区五省（市）的制造业全部从业人员数以及其他相关数据，计算得到各省（市）制造业的区位熵，利用 EViews 13.0 软件绘制 2000～2019 年长三角地区与珠三角地区各省（市）制造业集聚水平波动，见图 5-1。

由图 5-1 可以看出，2000～2019 年，长三角地区与珠三角地区各省（市）制造业集聚水平的变化趋势是：第一，上海市逐渐降低，且降幅较大；浙江省和广东省先升后降，且变动幅度不大；江苏省和安徽省基本上处于小幅上升状态；第二，21 世纪初，上海市制造业的集聚水平遥遥领先于其他四省，区位熵高达 3.5657，而安徽省的制造业集聚水平是五个省（市）中最低的，只有 0.611，其余三省的集聚水平介于 1.2 与 2.0 区间，处于中间水平；第三，上海市的制造业集聚水平在 2000～2002 年小幅度上升后下滑，先后于 2012 年、2013 年和 2014 年低于江苏省、广东省和浙江省，之后趋于平稳；浙江省的制造业区位熵于 2003～2006 年与广东省齐头并进，甚至在 2004 年超过了广东省，但是，自 2006 年后一直低于广东省；江苏省在 2008～2010 年的制造业区位熵与浙江省相差不大，在 2010 年后反超浙江省，处于区位熵相对较高的水平；20 年间，安徽省始终处于区位熵的低水平，且其区位熵指数一直未超过 0.8。

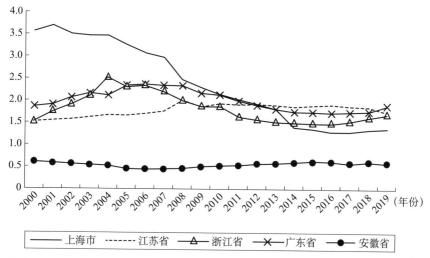

图 5-1　2000～2019 年长三角地区与珠三角地区各省（市）制造业集聚水平波动

资料来源：笔者根据 2001～2017 年《中国工业统计年鉴》、2018 年第四次《全国经济普查年鉴》、2001～2020 年《中国统计年鉴》、长三角地区与珠三角地区各省（市）统计年鉴的相关数据运用 EViews 13.0 软件计算整理绘制而得。

2. 长三角地区制造业细分行业集聚现状分析

通过 2000～2019 年长三角地区（包括上海市、江苏省、浙江省、安徽省）制造业 20 个细分行业的全部从业人员数以及其他相关数据，计算得到长三角地区四省（市）的各细分行业的区位熵，2011～2019 年上海市制造业 20 个细分行业区位熵一览表，见表 5-9；2011～2019 年江苏省制造业 20 个细分行业区位熵一览表，见表 5-10；2011～2019 年浙江省制造业 20 个细分行业区位熵一览表，见表 5-11；2011～2019 年安徽省制造业 20 个细分行业区位熵一览表，见表 5-12。

表 5 - 9   **2011 ~ 2019 年上海市制造业 20 个细分行业区位熵一览表**

行业	2011 年	2012 年	2013 年	2014 年	2015 年	2016 年	2017 年	2018 年	2019 年
C13	0.583	0.544	0.489	0.387	0.379	0.372	0.413	0.392	0.553
C14	2.571	3.007	2.604	2.069	2.017	1.834	1.719	1.872	2.143
C15	0.840	0.724	0.635	0.502	0.447	0.392	0.408	0.446	0.512
C16	1.458	1.417	1.397	1.046	1.062	1.034	1.021	1.308	1.435
C17	1.121	0.556	0.596	0.482	0.404	0.374	0.350	0.384	0.353
C22	1.670	1.763	1.630	1.298	1.134	1.029	0.972	1.115	1.078
C25	1.721	1.508	1.454	1.127	1.110	1.297	1.148	1.172	1.176
C26	1.786	1.694	1.619	1.374	1.357	1.372	1.340	1.484	1.556
C27	2.143	2.238	2.032	1.590	1.506	1.388	1.442	1.507	1.768
C28	0.613	0.566	0.558	0.457	0.427	0.396	0.324	0.346	0.333
C31	0.966	0.861	0.796	0.585	0.531	0.499	0.481	0.511	0.613
C32	0.495	0.833	0.729	0.538	0.589	0.613	0.621	0.629	0.592
C33	0.941	0.875	0.802	0.598	0.585	0.547	0.421	0.424	0.416
C34	3.159	3.290	2.831	2.170	2.082	1.986	1.676	1.619	1.632
C35	3.665	3.407	3.390	2.790	2.780	2.731	2.793	2.936	3.139
C36	3.135	2.596	2.493	1.899	1.876	1.816	1.810	1.932	2.133
C37	3.620	3.422	3.256	2.503	2.528	2.479	2.610	2.650	2.734
C39	2.896	2.645	2.559	1.971	1.853	1.694	1.693	1.751	1.761
C40	3.884	3.784	3.523	2.651	2.536	2.239	2.195	2.152	2.062
C41	2.902	2.576	2.777	2.190	2.211	2.139	2.090	2.349	2.254

资料来源：笔者根据 2001 ~ 2017 年《中国工业统计年鉴》、2018 年第四次《全国经济普查年鉴》、2001 ~ 2020 年《中国统计年鉴》、《上海统计年鉴》的相关数据计算整理而得。

表 5 - 10   **2011 ~ 2019 年江苏省制造业 20 个细分行业区位熵一览表**

行业	2011 年	2012 年	2013 年	2014 年	2015 年	2016 年	2017 年	2018 年	2019 年
C13	0.747	0.800	0.810	0.801	0.863	0.883	0.809	0.622	0.658
C14	0.654	0.721	0.714	0.718	0.705	0.733	0.711	0.711	0.723
C15	0.797	0.917	0.897	0.825	0.811	0.792	0.831	0.846	0.626
C16	0.484	0.510	0.505	0.495	0.553	0.472	0.572	0.573	0.636
C17	2.885	2.735	2.979	2.885	2.931	3.021	2.945	3.144	2.608
C22	1.278	1.309	1.294	1.343	1.364	1.377	1.287	1.313	1.113

行业	2011 年	2012 年	2013 年	2014 年	2015 年	2016 年	2017 年	2018 年	2019 年
C25	0.469	0.529	0.508	0.598	0.646	0.704	0.700	0.590	0.412
C26	2.354	2.339	2.323	2.329	2.330	2.434	2.161	1.927	1.637
C27	1.514	1.464	1.469	1.473	1.519	1.558	1.611	1.715	1.672
C28	5.509	6.125	6.067	5.689	5.907	5.927	5.727	5.361	5.148
C31	1.140	1.142	1.128	1.120	1.120	1.150	1.105	1.047	1.007
C32	1.494	1.790	1.659	1.628	1.692	1.784	1.692	1.667	1.531
C33	1.087	1.129	1.151	1.181	1.340	1.370	1.086	1.135	1.089
C34	2.346	2.381	2.295	2.262	2.237	2.263	2.197	2.270	2.126
C35	2.507	2.468	2.654	2.692	2.796	2.819	2.792	3.016	2.922
C36	2.444	2.557	2.589	2.571	2.533	2.594	2.729	2.880	2.710
C37	2.118	2.121	2.041	1.838	1.902	1.889	1.916	1.999	1.879
C39	2.658	2.721	2.727	2.709	2.731	2.782	2.747	2.681	2.450
C40	3.630	3.572	3.379	3.277	3.267	3.109	3.069	2.998	2.715
C41	3.437	3.484	3.884	3.797	3.615	3.588	3.518	3.146	2.874

资料来源：笔者根据 2001～2017 年《中国工业统计年鉴》、2018 年第四次《全国经济普查年鉴》、2001～2020 年《中国统计年鉴》、《江苏统计年鉴》的相关数据计算整理而得。

表 5-11　　2011～2019 年浙江省制造业 20 个细分行业区位熵一览表

行业	2011 年	2012 年	2013 年	2014 年	2015 年	2016 年	2017 年	2018 年	2019 年
C13	0.480	0.474	0.467	0.431	0.417	0.411	0.416	0.370	0.476
C14	0.783	0.796	0.729	0.701	0.716	0.696	0.683	0.696	0.705
C15	0.776	0.725	0.662	0.630	0.596	0.597	0.549	0.576	0.600
C16	0.459	0.376	0.136	0.365	0.417	0.394	0.434	0.445	0.445
C17	3.585	3.085	3.374	3.277	3.335	3.372	3.320	3.670	3.385
C22	2.014	2.080	1.924	1.875	1.938	1.932	2.059	2.209	1.993
C25	0.227	0.216	0.226	0.198	0.238	0.259	0.279	0.363	0.436
C26	1.083	1.066	1.075	1.048	1.023	1.026	1.049	1.197	1.209
C27	1.331	1.346	1.283	1.208	1.226	1.210	1.249	1.333	1.420
C28	5.556	5.398	5.190	5.423	5.349	4.935	4.752	5.091	5.596
C31	0.790	0.763	0.744	0.689	0.673	0.622	0.648	0.767	0.861
C32	0.649	0.808	0.767	0.775	0.722	0.745	0.482	0.613	0.589

续表

行业	2011 年	2012 年	2013 年	2014 年	2015 年	2016 年	2017 年	2018 年	2019 年
C33	0.932	0.923	0.935	0.906	0.900	0.906	0.725	0.922	0.881
C34	2.377	2.302	2.004	2.035	1.999	2.033	2.318	2.228	2.369
C35	2.804	2.604	2.722	2.771	2.706	2.774	2.995	3.197	3.390
C36	1.439	1.386	1.417	1.410	1.367	1.363	1.560	1.780	1.906
C37	1.827	1.628	1.535	1.478	1.560	1.641	1.693	1.772	1.813
C39	2.785	2.662	2.605	2.555	2.570	2.592	2.661	2.791	2.860
C40	0.868	0.881	0.911	0.900	0.884	0.927	0.909	1.025	1.074
C41	2.531	2.424	2.668	2.601	2.716	2.573	2.340	2.858	2.973

资料来源：笔者根据2001~2017年《中国工业统计年鉴》、2018年第四次《全国经济普查年鉴》、2001~2020年《中国统计年鉴》、《浙江统计年鉴》的相关数据计算整理而得。

表5-12　　2011~2019年安徽省制造业20个细分行业区位熵一览表

行业	2011 年	2012 年	2013 年	2014 年	2015 年	2016 年	2017 年	2018 年	2019 年
C13	0.664	0.677	0.683	0.696	0.718	0.744	0.688	0.613	0.677
C14	0.500	0.549	0.558	0.581	0.578	0.577	0.582	0.607	0.551
C15	0.776	0.725	0.662	0.630	0.596	0.597	0.549	0.576	0.600
C16	1.085	1.127	0.997	0.953	0.871	0.813	1.068	0.915	0.831
C17	0.448	0.458	0.517	0.501	0.505	0.520	0.502	0.572	0.429
C22	0.374	0.419	0.363	0.415	0.397	0.410	0.397	0.424	0.379
C25	0.154	0.128	0.126	0.122	0.124	0.130	0.133	0.139	0.191
C26	0.500	0.483	0.505	0.504	0.494	0.517	0.505	0.582	0.589
C27	0.470	0.494	0.500	0.608	0.584	0.591	0.573	0.684	0.605
C28	0.365	0.446	0.408	0.392	0.401	0.398	0.393	0.330	0.304
C31	0.570	0.627	0.653	0.693	0.698	0.701	0.658	0.766	0.729
C32	0.460	0.556	0.501	0.547	0.578	0.546	0.502	0.490	0.435
C33	0.479	0.501	0.493	0.517	0.523	0.531	0.442	0.511	0.572
C34	0.666	0.717	0.630	0.556	0.545	0.550	0.495	0.592	0.564
C35	0.629	0.592	0.644	0.637	0.698	0.704	0.658	0.661	0.672
C36	0.455	0.570	0.583	0.621	0.635	0.678	0.621	0.595	0.593
C37	0.629	0.630	0.623	0.602	0.649	0.654	0.629	0.613	0.603
C39	0.724	0.763	0.771	0.799	0.798	0.806	0.803	0.819	0.804
C40	0.188	0.225	0.230	0.312	0.326	0.351	0.375	0.421	0.404
C41	0.182	0.231	0.272	0.298	0.310	0.313	0.259	0.313	0.320

资料来源：笔者根据2001~2017年《中国工业统计年鉴》、2018年第四次《全国经济普查年鉴》、2001~2020年《中国统计年鉴》、《安徽统计年鉴》的相关数据计算整理而得。

第一，从表 5-9 可见，就上海市而言，2011~2019 年制造业 20 个行业的集聚程度总体上呈现逐渐降低的趋势。

第二，从表 5-10 可见，就江苏省而言，制造业 20 个细分行业的区位熵从 2011 年起大多处于 3.000 以下，在样本考察期间基本上趋于平稳，或先上升后稍有降低。在 2019 年，除了 C28 化学纤维制造业的区位熵达到 5.148，其余行业的区位熵仍然低于 3.000。

第三，从表 5-11 可见，就浙江省而言，与江苏省类似，20 个细分行业的区位熵从 2011 年起大多小于 3.000。

第四，从表 5-12 可见，就安徽省而言，制造业 20 个细分行业的区位熵都比较低，总体来看，安徽省制造业的集聚程度低于长三角地区其余三个省（市）。

3. 珠三角地区制造业细分行业集聚现状分析

通过 2011~2019 年珠三角地区制造业 20 个细分行业的全部从业人员数量及其他相关数据计算得到珠三角地区的区位熵，得到 2011~2019 年广东省制造业 20 个细分行区位熵一览表，见表 5-13。

表 5-13　　2011~2019 年广东省制造业 20 个细分行业区位熵一览表

行业	2011 年	2012 年	2013 年	2014 年	2015 年	2016 年	2017 年	2018 年	2019 年
C13	0.546	0.525	0.501	0.467	0.476	0.483	0.495	0.433	0.552
C14	1.213	1.161	1.207	1.104	1.042	0.995	0.992	1.037	1.134
C15	0.709	0.671	0.668	0.640	0.712	0.578	0.589	0.578	0.623
C16	0.518	0.501	0.503	0.429	0.424	0.426	0.444	0.453	0.590
C17	1.511	1.054	1.096	0.981	0.980	0.981	0.933	0.923	0.768
C22	2.236	2.207	2.033	1.973	2.043	2.015	2.024	2.211	1.970
C25	0.366	0.353	0.336	0.325	0.339	0.332	0.329	0.350	0.337
C26	0.898	0.877	0.845	0.817	0.821	0.823	0.849	0.943	0.969
C27	0.725	0.741	0.687	0.665	0.652	0.646	0.667	0.671	0.746
C28	0.463	0.393	0.359	0.386	0.365	0.325	0.368	0.279	0.299
C31	1.362	1.303	1.267	1.236	1.209	1.212	1.220	1.289	1.292
C32	0.363	0.412	0.342	0.338	0.350	0.369	0.348	0.364	0.354

行业	2011 年	2012 年	2013 年	2014 年	2015 年	2016 年	2017 年	2018 年	2019 年
C33	1.034	1.037	0.969	0.904	0.864	0.878	0.764	0.863	0.933
C34	3.400	2.787	2.621	2.581	2.579	2.576	2.660	2.511	2.529
C35	0.892	1.124	1.186	1.168	1.162	1.235	1.297	1.375	1.434
C36	1.354	1.209	1.173	1.228	1.319	1.404	1.591	1.818	1.949
C37	1.055	0.990	0.959	0.941	0.926	0.922	0.916	0.939	0.951
C39	3.941	3.789	3.520	3.384	3.262	3.132	3.107	3.266	3.405
C40	5.086	4.923	4.577	4.445	4.377	4.358	4.178	3.986	3.897
C41	3.617	2.275	2.605	2.488	2.439	2.486	2.423	2.359	2.440

资料来源：笔者根据 2001～2017 年《中国工业统计年鉴》、2018 年第四次《全国经济普查年鉴》、2001～2020 年《中国统计年鉴》、《广东统计年鉴》的相关数据计算整理而得。

如表 5－13 所示，整体来看，广东省制造业 20 个细分行业中的资本技术密集型行业的集聚程度比较明显，这些行业的规模经济效应相对突出，企业选址相对多地考虑到基础设施、上下游产品供应等因素，尽量为企业带来最大化利益。

4. 创新现状及分析

本节采用三种专利申请授权数衡量区域创新能力，数据涉及长三角地区的三省一市（上海市、江苏省、浙江省、安徽省）和珠三角地区的一省（广东省），资料来源于中经网统计数据库，2000～2019 年中国两大三角洲地区各省（市）创新能力变化趋势，见图 5－2。

从图 5－2 可以看出三种专利申请授权数呈现出以下三个明显特征。

第一，2000～2019 年，中国两大三角洲地区的三种专利申请授权数总体不断增加，且在 2009 年后加速增长。

第二，2000～2009 年，珠三角地区是创新能力最强的地区。2009 年，江苏省首次超过广东省，成为创新能力最强的省，2015 年后，中国两大三角洲地区各省（市）的创新能力由强到弱依次为：广东省、江苏省、浙江省、上海市、安徽省。

第三，中国两大三角洲地区的创新能力存在显著的两极分化现象，这种现象在 2008 年后开始明显，并在之后不断加剧。这两极，一极是广东省、江苏省、浙江省三个创新能力强省，另一极是上海市和安徽省这两个创新能力较弱的省（市）。

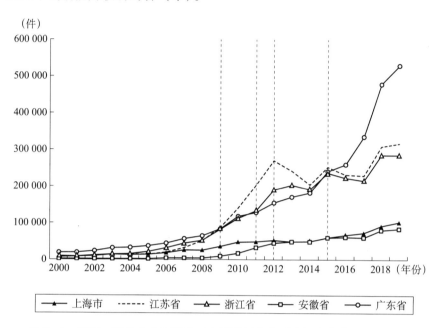

图 5 - 2　2000 ~ 2019 年中国两大三角洲地区各省（市）创新能力变化趋势
资料来源：笔者根据中经网数据库的相关数据运用 EViews 13.0 软件计算整理绘制而得。

事实上，如果仅仅简单地比较各地区专利授权数的绝对量，就会忽略一些问题：有些地区的产业规模、人力资本投入等与其他地区存在差异，相应的专利授权数的数量就会存在差异。还可以采用每万从业人员拥有的国内三种专利申请授权数来衡量地区相对创新水平，2011 ~ 2019年中国两大三角洲地区创新水平趋势，见图 5 - 3。

第一，从图 5 - 3 可见，上海市一直保持相对领先的创新水平，即使在 2011 年、2012 年先后被江苏省和浙江省超越，在经过短暂下降后，创新水平又不断提高，在 2016 年重新超越江苏省，处于两大三角洲地区的较高水平。

第二，作为"后起之秀"，2011 年以来，江苏省不断超越广东省、浙江省，成为两大三角洲地区创新水平领先的省。

第三，各地区的相对创新水平仍然存在两极分化现象。在分化的两极中，上海市进入创新水平较高的一极，与广东省、江苏省和浙江省的创新水平相当，但安徽省仍处于创新水平较低的一极。

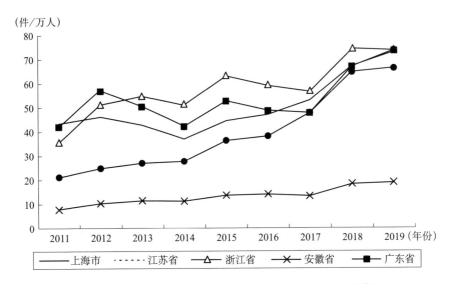

图 5－3　2011～2019 年中国两大三角洲地区创新水平趋势

资料来源：笔者根据中经网数据库的相关数据运用 EViews 13.0 软件计算整理绘制而得。

5.3.4　经济机理

产业集聚能对区域创新产生显著影响的原因之一，是在产业集聚区内各企业空间地理位置的邻近，使得企业间的沟通和交流变得更加方便、频繁，另外，也更有利于政府部门改善集聚区域内的配套设施，使得更多企业享受完善的基础设施带来的福利。本节主要从知识溢出效应、外部规模经济效应和基础设施效应，分析产业集聚对区域创新的作用机理。

1. 知识溢出效应（knowledge spillover effect）

产业集聚是同一产业在某个特定地理范围内高度集中的经济现象，也是产业生产力的各种要素在特定空间范围内不断汇聚的过程（徐康宁，2003）。集聚区域内的企业通过近距离竞争、兼并，呈现出较强的竞争力，主要体现在先进的生产技术、先进的企业管理制度、高质量的人力资本、充足的资金、更快速的市场信息获取能力上。集聚区域内企业的模仿性将有利于好的技术、制度、人力资本、资金来源、市场信息等的快速传播，促进了集聚区域内企业的整体技术进步和生产效率提升，推动区域创新（徐康宁，2006）。

知识溢出的过程，可以描述为不同主体之间通过直接或者间接地交流、互动发生无意识传播的过程。溢出的知识可以分为显性知识和隐性知识，显性知识可以书面、专利等形式存在，可以间接地在较大的空间范围内传播；隐性知识却难以进行记录或编码，只能在特定区域内直接通过面对面的交流、不断接触等形式传播（赵勇等，2009）。显然，集聚区域内企业间的知识溢出，在多数情况下属于隐性知识的溢出。赵勇和白永秀（2009）将知识溢出的形式，分为基于知识人才流动、研发合作、企业家创业和贸易投资四种形式的溢出。

2. 外部规模经济效应（external economies of scale）

分工是产业集聚的源泉，能够加速知识积累和技术创新（陈钊，2007）。陈钊（2007）指出，产业集聚有利于企业获得分工产生的两种外部性，非市场因素导致的技术外部性和市场因素导致的金融外部性。技术外部性主要是企业内部各部门之间以及企业之间知识的外溢和扩散，可以直接作用于企业的生产函数，促进企业生产效率的提高。集聚所带来的技术外部性，促使集聚区域内各企业共享劳动力市场，企业集聚引起的专业技术人才集聚的交流、互动可以加快相关知识扩散，便于企业间模仿与学习，从而释放出更多创造力，激发企业创新。

金融外部性体现在产业与市场的关联上，主要通过自由市场中的价格机制降低企业成本，是企业与消费者都能享受到的福利水平。在现代产业中，生产力水平突飞猛进，产业链中不断涌现新的中间产品，产业不断细化，产品种类越来越多，使得各产业尤其是制造业从初始投入至最终产品之间的链条越来越长。

3. 基础设施效应（infrastructure effect）

基础设施是为生产和生活提供基本保障的公共服务工程，是一个国家（地区）经济发展和社会发展的关键资源，主要包括交通、水电、商业服务等。基础设施工程不仅影响区域内的生产要素效率，也影响区域内产业的空间布局。

完善的基础设施建设对一个国家（地区）的经济发展起着强有力的作用。同一产业链上的企业集聚使得政府集中力量，在集聚区域建设配套基础设施，更有利于集聚区域内企业的发展，也会吸引更多有实力的企业在该区域集聚。

综上所述，产业集聚对区域创新的作用机理，见图5－4。

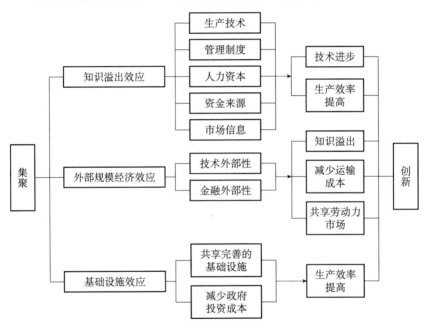

图5－4 产业集聚对区域创新的作用机理

资料来源：笔者根据本章相关内容整理绘制而得。

5.3.5 实证分析

本节初步构建计量经济模型，见式（5－21）：

$$\ln PAT_{it} = \beta_0 + \beta_1 LQ_{it} + \beta_2 LQ_{it}^2 + \beta_3 \ln RDP_{it} + \beta_4 \ln RDI_{it} + \beta_5 \ln FDI_{it} + \varepsilon$$

$$(5-21)$$

在式（5-21）中，PAT_{it}表示区域创新水平，LQ_{it}表示产业集聚水平，RDP_{it}表示地区研发人员投入、RDI_{it}表示地区研发经费投入，FDI_{it}表示对外开放程度。

本节选取了2000~2019年中国长三角地区与珠三角地区的五个省（市）的数据，样本数据均来自历年《中国工业统计年鉴》《中国科技统计年鉴》《中国统计年鉴》《上海统计年鉴》《江苏统计年鉴》《浙江统计年鉴》《安徽统计年鉴》《广东统计年鉴》、中经网数据库等。其中，2012年全国制造业及各行业全部从业人员数和2019年上海市制造业各行业全部从业人员数缺失，本节采用均值法补齐。根据本节回归模型的设定，将相关变量进行对数化处理。模型变量相关说明，见表5-14。

表5-14　　　　　　　　　模型变量相关说明

变量名称	变量说明	指标来源
PAT	每万从业人员拥有的国内三种专利申请授权数（件/万人）	中经网数据库
LQ	区位熵	《中国工业统计年鉴》《中国统计年鉴》各省（市）统计年鉴
RDP	R&D人员全时当量	《中国科技统计年鉴》
RDI	R&D经费支出（亿元）	《中国科技统计年鉴》
FDI	实际利用外资额	各省（市）统计年鉴

资料来源：笔者设定整理而得。

在对模型进行回归前，对涉及的变量进行描述性统计，长三角地区各样本的描述性统计结果，见表5-15；珠三角地区各样本的描述性统计结果，见表5-16。

表5-15　　　　　　长三角地区各样本的描述性统计结果

变量	样本数	均值	标准差	最小值	最大值
PAT	80	24.80813	22.99868	0.369044	74.19734
RDP	80	18.23265	15.74063	2.374800	63.52789

续表

变量	样本数	均值	标准差	最小值	最大值
RDI	80	611.2570	624.9997	20.02000	2779.520
FDI	80	128.6234	84.79375	3.184700	357.5956
lnPAT	80	2.444143	1.545789	−0.996839	4.306728
lnRDP	80	2.531838	0.901903	0.864913	4.151479
lnRDI	80	5.786296	1.270833	2.996732	7.930034
lnFDI	80	4.485198	1.102838	1.158358	5.879403
LQ	80	1.638293	0.827972	0.446427	3.706923
LQ_{C13}	80	0.713389	0.248542	0.369942	1.682213
LQ_{C14}	80	1.355022	1.189063	0.459821	4.953123
LQ_{C15}	80	0.933576	0.272608	0.391508	1.607306
LQ_{C16}	80	0.899894	0.578051	0.135863	2.615259
LQ_{C17}	80	2.160047	1.351429	0.349934	4.402998
LQ_{C22}	80	1.371408	0.707249	0.309326	2.513928
LQ_{C25}	80	0.827648	0.986291	0.122131	5.118865
LQ_{C26}	80	1.504593	0.805809	0.428506	3.450793
LQ_{C27}	80	1.550128	0.961898	0.470361	4.773250
LQ_{C28}	80	2.866810	2.243619	0.235167	8.041831
LQ_{C31}	80	0.931541	0.341451	0.430002	1.888816
LQ_{C32}	80	0.981284	0.660807	0.417584	3.862436
LQ_{C33}	80	0.998605	0.504530	0.415974	2.555882
LQ_{C34}	80	2.372663	1.645413	0.234580	6.609505
LQ_{C35}	80	2.677120	1.506958	0.326499	5.995069
LQ_{C36}	80	1.953879	1.245792	0.338577	5.589062
LQ_{C37}	80	2.011703	1.305452	0.440780	5.560204
LQ_{C39}	80	2.400556	1.428165	0.383500	6.437226
LQ_{C40}	80	2.132697	1.742546	0.104567	6.419934
LQ_{C41}	80	2.413187	1.666943	0.131857	7.275181

注：LQ 表示制造业整体的区位熵，LQ_{C13} ~ LQ_{C41} 表示制造业各行业的区位熵，后文均以此表示。

资料来源：笔者根据《中国工业统计年鉴》《中国科技统计年鉴》《中国统计年鉴》，以及长三角地区各省（市）统计年鉴和中经网数据库的相关数据，运用 EViews 13.0 软件计算整理而得。

表 5 - 16 珠三角地区样本的描述性统计结果

变量	样本数	均值	标准差	最小值	最大值
PAT	20	23. 18167	20. 44947	3. 960324	73. 75826
RDP	20	34. 08635	23. 26425	7. 110700	80. 32078
RDI	20	1139. 460	868. 4208	214. 6502	3098. 490
FDI	20	205. 1846	40. 88282	128. 9900	272. 7751
lnPAT	20	2. 773922	0. 901766	1. 376326	4. 300793
lnRDP	20	3. 247335	0. 824493	1. 961601	4. 386028
lnRDI	20	6. 738404	0. 824928	5. 369010	8. 038670
lnFDI	20	5. 303791	0. 209629	4. 859735	5. 608648
LQ	20	2. 006666	0. 226286	1. 729903	2. 368884
LQ_{C13}	20	0. 677769	0. 205491	0. 432988	1. 049301
LQ_{C14}	20	1. 334190	0. 267046	0. 992488	1. 820524
LQ_{C15}	20	0. 747397	0. 111417	0. 578000	0. 929814
LQ_{C16}	20	0. 534593	0. 093096	0. 424249	0. 704913
LQ_{C17}	20	1. 227035	0. 258213	0. 768328	1. 625809
LQ_{C22}	20	2. 196502	0. 277410	1. 766958	2. 735258
LQ_{C25}	20	0. 488299	0. 268224	0. 325274	1. 293718
LQ_{C26}	20	0. 915659	0. 072818	0. 800227	1. 014112
LQ_{C27}	20	0. 828915	0. 161000	0. 645998	1. 114370
LQ_{C28}	20	0. 556255	0. 218204	0. 279216	1. 026772
LQ_{C31}	20	1. 427886	0. 166624	1. 208710	1. 657211
LQ_{C32}	20	0. 344771	0. 025855	0. 304286	0. 411952
LQ_{C33}	20	0. 984455	0. 128111	0. 763966	1. 220489
LQ_{C34}	20	3. 255111	0. 596350	2. 510624	4. 058937
LQ_{C35}	20	1. 017290	0. 224525	0. 650217	1. 433868
LQ_{C36}	20	1. 352409	0. 398275	0. 609045	1. 949451
LQ_{C37}	20	1. 006294	0. 076877	0. 915627	1. 190570
LQ_{C39}	20	4. 123564	0. 784777	3. 107315	5. 365014
LQ_{C40}	20	5. 532482	1. 141762	3. 896646	7. 229782
LQ_{C41}	20	3. 530086	1. 013150	2. 275249	5. 090850

资料来源：笔者根据《中国工业统计年鉴》《中国科技统计年鉴》《中国统计年鉴》《广东统计年鉴》和中经网数据库的相关数据运用 EViews 13. 0 软件计算整理而得。

本章在对模型进行全样本估计和分样本估计时，采用的数据是长面板数据和时间序列数据，如果数据是非平稳的，直接使用最小二乘法可能会使原本不存在相关关系的数据呈现出相关关系，即出现"伪回归"问题，使研究结果缺乏可信度。因此，在模型估计前对数据进行平稳性检验是很有必要的。

本节主要采用 LLC 检验方法，直接对全样本面板数据进行单位根检验，一般认为，若检验结果拒绝原假设，则该序列为平稳过程。利用 EViews 13.0 软件对数据进行单位根检验，全样本面板数据各变量的 LLC 单位根检验结果，如表 5－17 所示。

表 5－17　　　　全样本面板数据各变量的 LLC 单位根检验结果

变量	检验形式	统计量	P 值	检验结果
PAT	(c, t, 1)	－ 2.97454 ***	0.0015	一阶单整
RDP	(0, 0, 1)	－ 7.32942	0.0000	一阶单整
RDI	(c, t, 1)	－ 4.56634 ***	0.0000	一阶单整
FDI	(c, 0, 1)	－ 2.09382 **	0.0181	一阶单整
lnPAT	(c, 0, 0)	－ 1.96333 **	0.0248	平稳
lnRDP	(c, 0, 0)	－ 2.13461 **	0.0164	平稳
lnRDI	(c, 0, 0)	－ 6.82424 ***	0.0000	平稳
lnFDI	(c, 0, 0)	－ 2.56896 ***	0.0051	平稳
LQ	(c, 0, 0)	－ 2.22379 **	0.0111	平稳
LQ_{C13}	(c, 0, 0)	－ 4.31045 ***	0.0000	平稳
LQ_{C14}	(c, 0, 0)	－ 2.82942 ***	0.00$_{C23}$	平稳
LQ15	(0, 0, 0)	－ 3.82569 ***	0.0001	平稳
LQ_{C16}	(c, 0, 0)	－ 2.15586 **	0.0155	平稳
LQ_{C17}	(c, 0, 0)	－ 2.12817 **	0.0167	平稳
LQ_{C22}	(c, 0, 0)	－ 1.98769 **	0.0234	平稳
LQ_{C25}	(c, t, 0)	－ 10.0240 ***	0.0000	平稳
LQ_{C26}	(c, 0, 0)	－ 1.60935 *	0.0538	平稳

变量	检验形式	统计量	P 值	检验结果
LQ_{C27}	(c, 0, 0)	− 1.57937 *	0.0571	平稳
LQ_{C28}	(c, 0, 0)	− 1.68493 **	0.0460	平稳
LQ_{C31}	(0, 0, 0)	− 1.66656 **	0.0478	平稳
LQ_{C32}	(c, t, 0)	− 3.48941 ***	0.0002	平稳
LQ_{C33}	(0, 0, 0)	− 5.35382 ***	0.0000	平稳
LQ_{C34}	(0, 0, 0)	− 1.77947 **	0.0376	平稳
LQ_{C35}	(c, 0, 0)	− 2.14703 **	0.0159	平稳
LQ_{C36}	(c, 0, 0)	− 1.37814 *	0.0841	平稳
LQ_{C37}	(c, 0, 0)	− 1.74872 **	0.0402	平稳
LQ_{C39}	(c, 0, 0)	− 2.50035 ***	0.0062	平稳
LQ_{C40}	(0, 0, 0)	− 2.72906 ***	0.0032	平稳
LQ_{C41}	(0, 0, 0)	− 2.36594 ***	0.0090	平稳

注：*** 、** 、* 分别表示在10%、5% 、1%的水平上显著。
资料来源：笔者利用 EViews 13.0 软件计算整理而得。

检验结果表明，区域创新水平的对数（lnPAT）、制造业整体的区位熵（LQ）、制造业 20 个细分行业的区位熵（LQ13 ~ LQ41）、地区研发人员投入的对数（lnRDP）、地区研发经费投入的对数（lnRDI）、对外开放程度的对数（lnFDI）均为平稳序列。

将 2000 ~ 2019 年中国两大三角洲地区的 5 个省（市）的数据引入模型进行回归分析前，为式（5 - 21）选择恰当的估计方法是非常重要的。随机效应模型要求面板数据的横截面数大于待估系数的个数，而本节选取的总样本中只包含上海市、江苏省、浙江省、安徽省和广东省五个横截面，故不可通过随机效应估计模型式（5 - 21）。因此，这里只对模型进行 LR 检验，以判断混合最小二乘估计法模型和固定效应模型的估计效果。通过 LR 检验，检验统计量为 71.515623，对应 P 值为 0，这表明在 1%的显著水平上拒绝了使用 Pooled OLS 估计的原假设，因此，使用固定效应模型对总样本进行估计。制造业总样本固定效应回归结果，如表 5 - 18 所示。

表 5－18　　　　　　　　制造业总样本固定效应回归结果

变量	（1）$\ln PAT_{it}$	（2）$\ln PAT_{it}$	（3）$\ln PAT_{it}$	（4）$\ln PAT_{it}$
Constant	－1.546486 *** (0.259236)	－3.480556 *** (0.576044)	－4.874383 *** (0.482307)	－4.800358 *** (0.474319)
LQ_{it}	0.390546 *** (0.096329)	1.872127 *** (0.565506)	1.102326 ** (0.4508)	1.093353 ** (0.442177)
LQ_{it}^2	—	－0.365972 *** (0.119396)	－0.171021 * (0.096171)	－0.177555 * (0.094376)
$\ln RDP_{it}$	1.266565 *** (0.078921)	1.520762 *** (0.05085)	0.388082 ** (0.150278)	0.48921 *** (0.154767)
$\ln RDI_{it}$			0.846362 *** (0.108332)	0.680533 *** (0.131446)
$\ln FDI_{it}$				0.147311 ** (0.068741)
$\bar{R}^2$	0.749448	0.942436	0.962517	0.963940
Obs	100	100	100	100
F/P	149.0638/ 0.0000	215.1726/ 0.0000	318.7730/ 0.0000	295.0501/ 0.0000
Method	FE	FE	FE	FE

注：（1）＊＊＊、＊＊、＊分别表示在1%、5%、10%的水平上显著，括号内的数值为各解释变量对应的标准误；

（2）"—"表示无数据；

（3）列（1）~列（4）分别表示逐一向模型中添加控制变量 $\ln RDP_{it}$、解释变量 LQ_{it}^2、控制变量 $\ln RDI_{it}$、控制变量 $\ln FDI_{it}$ 时所得到的制造业模型总样本估计结果。

资料来源：笔者利用 EViews 13.0 软件计算整理而得。

1. 经济意义检验

根据表5－18的回归结果，LQ_{it}、$\ln RDP_{it}$、$\ln RDI_{it}$、$\ln FDI_{it}$ 的系数均为正，说明在总样本范围内制造业产业集聚、地区研发人员投入、地区研发经费投入和对外开放程度对区域创新均有积极的影响，与理论预期值一致，符合相关经济理论，因此，该模型通过了经济意义上的检验。

2. 显著性检验

首先，逐一向模型中添加变量所得的四个回归结果的 F 统计量的 P 值均为0，说明回归方程总体上显著成立；其次，四个方程的核心解释变量都在1% 或5% 的水平上显著，解释变量与控制变量显著，因此，该模型通过了显著性检验。

3. 拟合优度检验

根据回归结果，4 个回归方程的调整的拟合优度（$\overline{R}^2$）均大于 0.74，且后三个方程的 $\overline{R}^2$ 均大于 0.94，较接近于 1，表明该模型具有比较高的拟合优度，即通过了拟合优度检验。

由表 5 – 18 分析可知：

（1）依次向模型中加入变量后的估计结果显示，模型的核心解释变量的系数均为正值且均在 5% 的水平上显著，三个方程的核心解释变量的平方项均为负值且均在 10% 的水平上显著，表明本章设置的式（5 – 21）较为稳健。

（2）通过观察表 5 – 18 中列（4）的回归结果可知：首先，核心解释变量 LQ_{it} 在 5% 的显著性水平上通过了显著性检验，其系数为正，表明制造业的区位熵对区域创新有着显著的积极影响；其次，核心解释变量的平方项 LQ_{it}^2 在 10% 的水平上显著，且估计值为负，初步说明制造业集聚对创新的影响可能存在倒"U"型关系。因此，在制造业总样本回归中，回归结果并未表现出明显的倒"U"型关系，产业集聚对区域创新的作用仍是积极的；最后，控制变量（研发人员投入、研发经费投入和对外开放程度）均在 5% 的水平上显著，表明这三者对区域创新水平的提高均有显著的促进作用。研发人员与研发经费是最直接与区域技术创新相联系的因素，其投入直接影响区域创新生产规模，其促进作用有据可循。

为了进一步检验模型的稳健性，此处通过广义最小二乘法对模型进行估计（在具体操作时，GLS weights 选择 Cross – section SUR，同时，考虑面板数据个体间的同期相关性和异方差性，此时，FGLS 估计也可称为 Parks 估计），制造业总样本 FGLS 回归结果，如表 5 – 19 所示。

表 5 – 19　　　　　　　　制造业总样本 FGLS 回归结果

变量	（1）$\ln PAT_{it}$	（2）$\ln PAT_{it}$	（3）$\ln PAT_{it}$	（4）$\ln PAT_{it}$
Constant	– 1.814221 *** （0.102999）	– 3.351145 *** （0.283203）	– 5.403395 *** （0.414023）	– 5.297684 *** （0.353964）

变量	（1）$\ln PAT_{it}$	（2）$\ln PAT_{it}$	（3）$\ln PAT_{it}$	（4）$\ln PAT_{it}$
LQ_{it}	0.158557*** (0.041976)	1.793518*** (0.29388)	1.421277*** (0.306487)	1.371986*** (0.271812)
LQ_{it}^2	—	−0.356063*** (0.061834)	−0.230081*** (0.065698)	−0.224166*** (0.060004)
$\ln RDP_{it}$	1.515129*** (0.026002)	1.509714*** (0.028945)	0.283442*** (0.105315)	0.35030*** (0.109335)
$\ln RDI_{it}$	—	—	0.924971*** (0.089991)	0.801219*** (0.0983)
$\ln FDI_{it}$	—	—	—	0.111581*** (0.02836)
$\overline{R}^2$	0.977808	0.982063	0.967834	0.980951
Obs	100	100	100	100
F/P	728.0194/0.0000	775.3498/0.0000	373.3460/0.0000	567.4627/0.0000
Method	FGLS	FGLS	FGLS	FGLS

注：（1）***、**、*分别表示在1%、5%、10%的水平上显著，括号内的数值为各解释变量对应的标准误；

（2）"—"表示无数据；

（3）列（1）~列（4）分别表示逐一向模型中添加控制变量 $\ln RDP_{it}$、解释变量 LQ_{it}^2、控制变量 $\ln RDI_{it}$、控制变量 $\ln FDI_{it}$ 时，所得到的制造业模型总样本估计结果。

资料来源：笔者利用 EViews 13.0 软件计算整理而得。

由表5-19可知，模型的4个回归方程的核心解释变量均在1%的水平上通过了模型的显著性检验，且其系数均为正值，核心解释变量的平方项也在1%的水平上显著且系数为负，与表5-18中核心解释变量系数的符号完全一致。这表明，式（5-21）是非常稳健的，且广义最小二乘估计法消除了样本数据中可能存在的异方差问题和序列相关问题，其回归结果的可信度优于固定效应估计。因此，在后续估计面板数据时，均采用可行的广义最小二乘法。

本节在上述实证分析基础上，从制造业的20个两位数细分行业入手，分析产业异质性视角下产业集聚对区域创新的影响。选取的20个细分行业均为在现状分析中涉及的行业，运用 EViews 13.0 软件对模型进行分行业 FGLS 估计。制造业细分行业总样本 FGLS 回归结果，如表5-20所示。

表 5 - 20　　　　　　　制造业细分行业总样本 FGLS 回归结果

行业	LQ_{it}	LQ_{it}^2	$lnRDP_{it}$	$lnRDI_{it}$	$lnFDI_{it}$	$\bar{R}^2$
农副食品加工业	3. 896158 *** (0. 444597)	- 1. 717374 *** (0. 219404)	0. 735038 *** (0. 094168)	0. 71251 *** (0. 093798)	- 0. 01363 (0. 04496)	0. 978260
食品制造业	1. 318076 *** (0. 202329)	- 0. 143124 *** (0. 029113)	0. 542439 *** (0. 109243)	0. 825491 *** (0. 099284)	0. 043622 (0. 036013)	0. 981236
饮料制造业	3. 603745 *** (0. 630837)	- 1. 665756 *** (0. 313288)	0. 50261 *** (0. 091123)	0. 727844 *** (0. 082032)	0. 108543 *** (0. 033106)	0. 977105
烟草制品业	- 0. 160596 (0. 3207)	0. 145279 (0. 098295)	0. 268686 ** (0. 113881)	0. 816178 *** (0. 102153)	0. 122827 *** (0. 036461)	0. 974807
纺织业	0. 666296 *** (0. 112727)	- 0. 137254 *** (0. 026028)	0. 263539 ** (0. 118056)	0. 796715 *** (0. 104628)	0. 154262 *** (0. 037318)	0. 974589
造纸和纸制品业	2. 602604 *** (0. 312186)	- 0. 626542 *** (0. 074179)	0. 215657 ** (0. 083528)	0. 822363 *** (0. 077413)	0. 142071 *** (0. 037575)	0. 980100
石油加工、炼焦及核燃料加工业	0. 573114 *** (0. 120464)	- 0. 059197 *** (0. 020063)	0. 432199 *** (0. 09496)	0. 735738 *** (0. 088878)	0. 155022 *** (0. 039421)	0. 971888
化学原料和化学制品制造业	1. 582869 *** (0. 339631)	- 0. 256356 *** (0. 073512)	0. 205829 * (0. 10885)	0. 901257 *** (0. 099264)	0. 144885 *** (0. 038531)	0. 972886
医药制造业	1. 248341 *** (0. 192466)	- 0. 169181 *** (0. 033073)	0. 558571 *** (0. 095146)	0. 680302 *** (0. 084446)	0. 121434 *** (0. 035003)	0. 976109
化学纤维制造业	0. 355884 *** (0. 082587)	- 0. 043133 *** (0. 009715)	0. 431023 *** (0. 100805)	0. 724165 *** (0. 092687)	0. 098945 *** (0. 034017)	0. 977363
非金属矿物制品业	2. 339677 *** (0. 343871)	- 0. 775065 *** (0. 158977)	0. 19171 ** (0. 09334)	0. 963409 *** (0. 086008)	0. 012172 (0. 035049)	0. 981652
黑色金属冶炼和压延加工业	0. 900434 *** (0. 177655)	- 0. 201963 *** (0. 043826)	0. 419785 *** (0. 11253)	0. 632783 *** (0. 098316)	0. 198032 *** (0. 036663)	0. 974338
有色金属冶炼和压延加工业	0. 877963 *** (0. 27227)	- 0. 211707 ** (0. 09445)	0. 29603 *** (0. 108448)	0. 792636 *** (0. 093221)	0. 156043 *** (0. 033219)	0. 974316
金属制品业	0. 676167 *** (0. 122415)	- 0. 062167 *** (0. 015547)	0. 465684 *** (0. 10124)	0. 805905 *** (0. 094241)	0. 021782 (0. 033928)	0. 980555
通用设备制造业	- 0. 164495 (0. 170133)	0. 039305 * (0. 02196)	0. 352336 *** (0. 108062)	0. 764994 *** (0. 09767)	0. 12407 *** (0. 036158)	0. 972663

续表

行业	LQ_{it}	LQ_{it}^2	$\ln RDP_{it}$	$\ln RDI_{it}$	$\ln FDI_{it}$	$\overline{R}^2$
专用设备制造业	0.563576 *** (0.110491)	− 0.061786 *** (0.019419)	0.243837 ** (0.108212)	0.749281 *** (0.095777)	0.176101 *** (0.032272)	0.976737
交通运输设备制造业	0.360851 * (0.20968)	− 0.016138 (0.03051)	0.269381 ** (0.114297)	0.827255 *** (0.105234)	0.118158 *** (0.033182)	0.973669
电气机械和器材制造业	1.037164 *** (0.103957)	− 0.114588 *** (0.012606)	0.330812 *** (0.08434)	0.807787 *** (0.079756)	0.079021 ** (0.030089)	0.983054
通信设备、计算机及其他电子设备制造业	0.51153 *** (0.080804)	− 0.042085 *** (0.009903)	0.285395 ** (0.112227)	0.81417 *** (0.076574)	0.100509 *** (0.028139)	0.979873
仪器仪表及文化办公用机械制造业	0.671581 *** (0.101407)	− 0.073283 *** (0.013157)	0.663537 *** (0.111496)	0.463544 *** (0.09347)	0.209565 *** (0.039042)	0.969727

注：（1）＊＊＊、＊＊、＊分别表示在 1%、5%、10% 的水平上显著，括号内的数值为各解释变量对应的标准误；

（2）每个行业对应方程的样本观测值的个数均为 100。

资料来源：笔者根据 EViews 13.0 软件计算整理而得。

4. 经济意义检验

根据表 5 – 20 的回归结果，LQ_{it}、$\ln FDI_{it}$ 的系数绝大多数为正，$\ln RDP_{it}$ 和 $\ln RDI_{it}$ 的系数均为正，LQ_{it}^2 的系数绝大多数为负。这说明，在总样本范围内地区研发人员投入、地区研发经费投入和对外开放程度对区域创新基本上有积极的影响，产业集聚对区域创新的影响一部分显示出倒 "U" 型关系，一部分仍起着促进作用，与理论预期值一致，符合相关经济理论，因此，该模型通过了经济意义上的检验。

5. 显著性检验

首先，所有回归方程的 F 统计量的 P 值均为 0，说明回归方程总体上显著成立；其次，绝大多数方程的核心解释变量都在 1% 的水平上显著，绝大多数控制变量都非常显著，只有极个别方程的 $\ln FDI_{it}$ 不太显著，对模型整体回归结果影响不大，因此，该模型通过了显著性检验。

6. 拟合优度检验

根据回归结果，回归方程的 $\bar{R}^2$ 均大于 0.96，表明该模型具有比较高的拟合优度，通过了拟合优度检验。

根据表 5-20 的回归结果，可以得出以下两个结论。

（1）就模型的核心解释变量而言，除烟草制品业和通用设备制造业的区位熵的回归结果不显著、交通运输设备制造业在 10% 的水平上显著外，其余 17 个细分行业集聚对区域创新的作用均在 1% 的水平上显著，且影响显著的 18 个细分行业的回归结果显示，其区位熵的平方项的系数均为负、区位熵的系数均为正，初步判断这些细分行业产业集聚对于区域创新的影响可能存在倒"U"型特征。

（2）就模型的控制变量而言，在总样本下，绝大多数控制变量都是非常显著的。其中，农副食品加工业和金属制品业的对外开放程度对区域创新不显著，化学原料和化学制品制造业研发人员投入对创新的影响在 10% 的水平上显著，其余均在 5% 的水平上通过了显著性检验。而且，在影响显著的行业中，研发人员投入、研发经费投入和对外开放对区域创新的影响都是正向的。

将总样本分为长三角地区和珠三角地区两个样本，分别对制造业及细分行业集聚对于区域创新的影响进行回归分析。制造业及其细分行业长三角地区的 FGLS 回归结果，见表 5-21；制造业及其细分行业珠三角地区的 OLS 回归结果，见表 5-22。

表 5-21　　制造业及其细分行业长三角地区的 FGLS 回归结果

行业	LQ_{it}	LQ_{it}^2	$\ln RDP_{it}$	$\ln RDI_{it}$	$\ln FDI_{it}$	$\bar{R}^2$
制造业	1.472221 *** (0.272933)	-0.239506 *** (0.061165)	0.38063 ** (0.186853)	0.781952 *** (0.126972)	0.120179 *** (0.029907)	0.985135
农副食品加工业	3.993385 *** (0.463712)	-1.748035 *** (0.222707)	0.703272 *** (0.189618)	0.741644 *** (0.153505)	-0.014986 (0.059972)	0.979130
食品制造业	1.537573 *** (0.245245)	-0.173474 *** (0.035376)	0.593601 *** (0.193919)	0.83215 *** (0.144778)	0.03259 (0.041044)	0.983973
饮料制造业	3.450828 *** (0.694068)	-1.575462 *** (0.34407)	0.507103 *** (0.174222)	0.724143 *** (0.119807)	0.122098 *** (0.035494)	0.981061

续表

行业	LQ_{it}	LQ_{it}^2	$lnRDP_{it}$	$lnRDI_{it}$	$lnFDI_{it}$	$\bar{R}^2$
烟草制品业	−0.755499 * (0.426302)	0.332153 ** (0.128934)	0.08768 (0.229103)	0.960142 *** (0.171363)	0.094182 ** (0.042621)	0.977021
纺织业	0.832538 *** (0.128861)	−0.164376 *** (0.028634)	0.089259 (0.221789)	0.909992 *** (0.165699)	0.174512 *** (0.040752)	0.978236
造纸和纸制品业	2.530161 *** (0.576602)	−0.630718 *** (0.171873)	0.041274 (0.191718)	0.897876 *** (0.134061)	0.168855 *** (0.042191)	0.977613
石油加工、炼焦及核燃料加工业	0.745649 *** (0.167703)	−0.079413 *** (0.026761)	0.29905 * (0.178129)	0.847476 *** (0.132182)	0.15871 *** (0.042734)	0.972395
化学原料和化学制品制造业	1.830627 *** (0.361696)	−0.311685 *** (0.078157)	0.369564 * (0.200975)	0.786337 *** (0.142234)	0.163734 *** (0.042964)	0.976337
医药制造业	1.101392 *** (0.226311)	−0.143199 *** (0.040172)	0.361144 * (0.194233)	0.799402 *** (0.138734)	0.132697 *** (0.040887)	0.974345
化学纤维制造业	0.369858 *** (0.089957)	−0.042569 *** (0.010345)	0.374169 (0.253098)	0.755576 *** (0.172202)	0.121328 *** (0.039652)	0.976332
非金属矿物制品业	2.480712 *** (0.448608)	−0.839565 *** (0.206599)	0.219977 (0.180819)	0.965205 *** (0.122989)	−0.002402 (0.038054)	0.985083
黑色金属冶炼和压延加工业	0.991456 *** (0.173122)	−0.222464 *** (0.043199)	0.464663 * (0.2338)	0.581556 *** (0.163591)	0.233816 *** (0.040029)	0.976264
有色金属冶炼和压延加工业	1.265821 *** (0.314398)	−0.340174 *** (0.110138)	0.182532 *** (0.211487)	0.842988 *** (0.138147)	0.187364 *** (0.035032)	0.979018
金属制品业	0.662359 *** (0.129724)	−0.058863 *** (0.016398)	0.351719 * (0.190894)	0.89138 *** (0.136406)	0.022232 (0.039091)	0.984420
通用设备制造业	−0.057704 (0.271096)	0.029188 (0.032573)	0.350137 (0.210349)	0.787821 *** (0.151262)	0.121195 *** (0.045512)	0.972049
专用设备制造业	1.162792 *** (0.1721)	−0.146236 *** (0.026739)	0.369685 * (0.186028)	0.699213 *** (0.128707)	0.158059 *** (0.03053)	0.984062
交通运输设备制造业	0.617165 ** (0.240754)	−0.050907 (0.035882)	0.307607 (0.215895)	0.779933 *** (0.158735)	0.137141 *** (0.037261)	0.977036
电气机械和器材制造业	0.969333 *** (0.138446)	−0.104364 *** (0.018906)	0.318254 * (0.177419)	0.819713 *** (0.129083)	0.08896 *** (0.032954)	0.985612

续表

行业	LQ_{it}	LQ_{it}^2	$\ln RDP_{it}$	$\ln RDI_{it}$	$\ln FDI_{it}$	$\bar{R}^2$
通信设备、计算机及其他电子设备制造业	0.518145 *** (0.131092)	– 0.041461 ** (0.018909)	0.380629 ** (0.190653)	0.750873 *** (0.135704)	0.117477 *** (0.031287)	0.982240
仪器仪表及文化办公用机械制造业	0.889172 *** (0.1095)	– 0.095122 *** (0.014189)	0.482079 ** (0.190131)	0.49976 *** (0.130511)	0.307296 *** (0.042302)	0.977141

注：（1）***、**、*分别表示在1%、5%、10%的水平上显著，括号内的数值为各解释变量对应的标准误；

（2）每个行业对应方程的样本观测值的个数均为80。

资料来源：笔者根据 EViews 13.0 软件计算整理而得。

表5－22　　　　制造业及其细分行业珠三角地区的 OLS 回归结果

行业	LQ_{it}	LQ_{it}^2	$\ln RDP_{it}$	$\ln RDI_{it}$	$\ln FDI_{it}$	$\bar{R}^2$
制造业	7.732035 * (3.959244)	– 1.943001 * (0.956983)	0.305644 (0.217036)	0.859431 *** (0.19608)	– 0.351239 (0.2889)	0.984617
农副食品加工业	– 2.15335 (1.649517)	1.830913 * (0.933681)	0.744173 *** (0.21468)	0.607061 *** (0.15031)	– 0.653529 ** (0.274452)	0.983616
食品制造业	– 3.0563 ** (1.402656)	1.156833 ** (0.454222)	0.749568 *** (0.185348)	0.538365 *** (0.17763)	– 0.705603 ** (0.271462)	0.983908
饮料制造业	– 3.753058 (4.773077)	1.725382 (3.269994)	0.575804 ** (0.200294)	0.467364 ** (0.191718)	– 0.482928 (0.308551)	0.979390
烟草制品业	– 4.656595 (5.251208)	5.211182 (4.605434)	0.636801 *** (0.205138)	0.645193 *** (0.173884)	– 0.3909 (0.316321)	0.983699
纺织业	– 2.888842 (2.173518)	1.036829 (0.861524)	0.633942 *** (0.200305)	0.444622 ** (0.177917)	– 0.401914 (0.34254)	0.981733
造纸和纸制品业	2.859401 (2.017616)	– 0.697358 (0.447551)	0.546173 *** (0.174055)	0.645699 *** (0.140695)	– 0.630658 ** (0.257064)	0.986546
石油加工、炼焦及核燃料加工业	1.335436 (2.037315)	– 0.685736 (1.141991)	0.655215 ** (0.253669)	0.632885 *** (0.188726)	– 0.495161 (0.327846)	0.975977
化学原料和化学制品制造业	22.83942 (19.8221)	– 12.70261 (10.9282)	0.466064 * (0.230149)	0.698348 *** (0.186928)	– 0.432829 (0.354936)	0.977134
医药制造业	– 3.268786 (2.735202)	2.493887 (1.438525)	0.768138 *** (0.174681)	0.627037 *** (0.155284)	– 0.505384 * (0.281304)	0.985824

续表

行业	LQ_{it}	LQ_{it}^2	$\ln RDP_{it}$	$\ln RDI_{it}$	$\ln FDI_{it}$	$\bar{R}^2$
化学纤维制造业	−2.270916* (1.198528)	1.317838* (0.731442)	0.558982** (0.195119)	0.463247** (0.197826)	−0.486717 (0.298946)	0.979816
非金属矿物制品业	4.671922 (6.772457)	−1.929309 (2.355449)	0.350987 (0.251248)	0.720528*** (0.213886)	−0.618579* (0.322303)	0.982078
黑色金属冶炼和压延加工业	−40.75675* (22.50273)	51.27271 (31.11742)	0.692689*** (0.168262)	0.639491*** (0.143028)	−0.570129** (0.248803)	0.985865
有色金属冶炼和压延加工业	−2.33187 (3.526875)	0.75766 (1.733824)	0.793584*** (0.186692)	0.431405** (0.160849)	−0.783695*** (0.234943)	0.989516
金属制品业	0.391685 (1.495998)	−0.085238 (0.222205)	0.448548* (0.254083)	0.683474** (0.261233)	−0.632791* (0.296565)	0.980555
通用设备制造业	−3.117533** (1.152105)	1.48091** (0.533362)	0.576499*** (0.192024)	0.609839** (0.27862)	−0.364567 (0.299254)	0.983820
专用设备制造业	−0.626723 (0.50397)	0.15788 (0.202765)	0.629971*** (0.184353)	0.712435*** (0.164895)	−0.821029** (0.335839)	0.982257
交通运输设备制造业	10.37417 (12.72954)	−5.455955 (6.053781)	0.550331** (0.215602)	0.62026*** (0.195562)	−0.43617 (0.288382)	0.985358
电气机械和器材制造业	−0.156253 (1.040209)	0.00602 (0.12033)	0.532953* (0.289854)	0.618166* (0.301114)	−0.63241* (0.302577)	0.979734
通信设备、计算机及其他电子设备制造业	−1.69718*** (0.391331)	0.148281*** (0.036568)	0.930075*** (0.193529)	0.142733 (0.163633)	−0.261378 (0.235471)	0.989446
仪器仪表及文化办公用机械制造业	−0.490068 (0.417641)	0.059957 (0.056507)	0.661787** (0.244315)	0.488779** (0.221784)	−0.611101* (0.314692)	0.977877

注：（1）＊＊＊、＊＊、＊分别表示在1%、5%、10%的水平上显著，括号内的数值为各解释变量对应的标准误；

（2）每个行业对应方程的样本观测值的个数均为20。

资料来源：笔者根据 EViews 13.0 软件计算整理而得。

7. 经济意义检验

根据表 5 - 21、表 5 - 22 的回归结果，LQ_{it}、LQ_{it}^2、$\ln FDI$ 的系数有

正有负，说明在产业异质性视角下，产业集聚对区域创新的影响是不同的，且对外开放对区域创新的提升有利有弊，这与原本的预期值是一致的，符合相关经济理论；$\ln RDP_{it}$ 和 $\ln RDI_{it}$ 的系数均为正，说明地区研发人员投入、地区研发经费投入对区域创新提升有显著的正向影响，与理论预期值一致。综上所述，模型通过了经济意义检验。

8. 显著性检验

首先，所有回归方程的 F 统计量的 P 值均为 0，说明回归方程总体上显著成立；其次，大多数方程的核心解释变量在 1%、5% 或 10% 的水平上显著，个别方程的区位熵不显著，产业异质性视角下是允许的；最后，绝大多数控制变量是显著的，只有个别方程的控制变量不显著，这对模型整体的回归结果影响不大，该模型通过了显著性检验。

9. 拟合优度检验

根据回归结果，所有回归方程的 $\bar{R}^2$ 均大于 0.97，这表明，模型具有较高的拟合优度，通过了拟合优度检验。

根据表 5 - 21 和表 5 - 22 的回归结果，以制造业整体为例，对比分析区域异质性视角下产业集聚与区域创新的影响关系。

就核心解释变量而言，产业集聚对区域创新的影响在长三角地区和珠三角地区都是显著的，且 LQ_{it} 的系数大多为正、LQ_{it}^2 的系数大多为负，初步判断产业集聚与区域创新之间可能存在倒"U"型关系。进一步地，通过计算可得，长三角地区分样本集聚与创新之间倒"U"型曲线的拐点和珠三角地区分样本集聚与创新之间倒"U"型曲线的拐点，分别在区位熵等于 3.0735 和 1.9897 处。长三角地区制造业集聚与区域创新之间不存在倒"U"型关系，该地区制造业集聚水平的提高，将显著地促进区域创新水平的提高；珠三角地区制造业集聚与区域创新之间在统计上存在较明显的倒"U"型关系，当制造业的区位熵小于 1.9897 时，产业集聚对区域创新有促进作用，当区位熵大于 1.9897 时，集聚水平的继续提高将会在一定程度上抑制区域创新能力的提升。

研发人员投入与研发经费投入对区域创新的影响在两个地区效果相

近：二者对区域创新都起着显著的促进作用，且促进效果相差不大。但是，对外开放程度在长三角地区和珠三角地区的作用效果不同：在长三角地区，对外开放程度对区域创新起着显著的促进作用；在珠三角地区对外开放程度对区域创新起着消极的影响，但并不显著。

制造业集聚影响区域创新的区域异质性特征和各区域的历史发展状况与经济政策倾向有着必然联系。20 世纪 90 年代，长三角地区的制造业加速发展，其发展特色在于电子信息产业迅速发展。在经济发展过程中，各个高科技企业纷纷向昆山、苏州、无锡等地集聚，在上海市周边形成了比较完整的 IT 制造业带（李健旋，2006）。目前，上海至苏州一线已经形成了全球知名的电子信息类产品制造业基地，再加上纺织业等历史特色产业在该地区的发展，使得长三角地区的产业链更加丰富和完善，代表着制造业在长三角地区占据绝对重要的经济地位，其区域创新能力的提升确实得益于制造业的集聚，这解释了长三角地区制造业的集聚为何仍能促进区域创新。而珠三角地区作为中国对外开放的重要港口之一，较高的对外开放和包容性使该地区接受了较多国外产业的转移，珠三角地区制造业的专业化程度较高，产业结构具有较强的单一性。因此，当外部市场或外部经济突然发生变化时，珠三角地区受到的冲击会比较大。这反映了珠三角地区制造业集聚释放的潜能不大，且高度专业化的产业集聚已经使这些专业化产业的发展达到饱和状态，集聚水平的继续提高反而会对区域创新产生不利影响，这也解释了珠三角地区产业集聚对于区域创新表现出倒"U"型特征。

珠三角地区作为粤港澳大湾区的重要组成部分，外商投资占固定资产投资的比重一直高于长三角地区，这说明，珠三角地区的外贸依存度高于长三角地区，这为珠三角地区带来了更多资金、先进技术和企业管理经验、国内外一流人才等，但是，弊端是珠三角地区的制造业投资更多地依赖于 FDI 形式的外资流入，当外资流入减少甚至外商撤资时，珠三角地区的制造业较易受到冲击，此时，FDI 为珠三角地区带来的影响弊大于利，在本节的研究中表现为珠三角地区 $\ln FDI_{it}$ 对区域创新的影响为负，且并不显著。而长三角地区的外贸依存度相对较低，更多外资的引入将会转化为各行业要素生产率提高的动力源泉，为区域创新带来的影响仍是利大于弊，在本节中表现为长三角地区 $\ln FDI_{it}$ 对区域创新的影响显著为正。

5.3.6 研究结论与政策建议

本节在总结、分析 2000～2019 年中国两大三角洲地区——长三角地区与珠三角地区的制造业及其 20 个两位数细分行业集聚和区域创新水平发展现状的基础上，在区域异质性视角下和产业异质性视角下，分别通过制造业整体数据及其 20 个两位数细分行业的数据，对长三角地区和珠三角地区的产业集聚与区域创新、研发人员投入、研发经费投入、对外开放程度之间的相关关系以及不同行业间的异质性进行实证分析，主要得出以下两个结论。

1. 区域异质性视角

就核心解释变量而言，长三角地区制造业集聚与区域创新之间不存在倒"U"型关系，该地区制造业集聚水平的提高将显著促进区域创新水平的提高；而珠三角地区制造业集聚与区域创新在统计上存在较为明显的倒"U"型关系，制造业集聚与区域创新水平之间存在拐点，另外，制造业各细分行业的表现，两大三角洲地区之间存在较大差异，长三角地区部分行业呈现出倒"U"型特征，而珠三角地区各行业未呈现倒"U"型特征。

2. 产业异质性视角

在长三角地区，除通用设备制造业集聚对区域创新水平的影响不显著外，其余行业集聚对区域创新水平均有显著影响。研发经费投入与对外开放程度对区域创新水平的影响大多表现为促进作用，但对外开放程度对区域创新水平促进作用的显著性和促进效果较差。在珠三角地区，制造业各行业集聚对区域创新水平的作用，均没有"U"型特征或倒"U"型特征。

根据本节的实证分析与研究结论，其具有的政策含义包括以下四点。

（1）把握优势产业，提高产业集聚水平。各地区应该抓住本地区的优势产业，补足短板，形成能够长久发展的产业链，促进产业集聚，充分发挥产业集聚带来的知识溢出优势和技术创新优势，推动区域创新水平和区域创新能力提升。

（2）优化产业结构，培育特色产业集群。珠三角地区应该提高产业多样化水平，优化产业结构。长三角地区应当把握优势产业，实现多样化产业协调发展，培育具有地区特色优势的产业集群，发展产业优势，带动区域创新水平提高。

（3）支持人才集聚，加大研发资本投入。各地方政府应该注重本地区高水平教育的科技人才与本地产业的融合、协调、集聚发展，借助科技知识力量的集聚带动产业集聚与产业发展（赵青霞等，2019），进而推动本地区创新能力和创新水平提升；各地方政府更应该把握优质劳动力资源，将其合理运用于适当的行业，促进相关行业要素生产效率提高。

（4）合理引进外资，提高产业集群稳定性。就长三角地区而言，其外资依赖度较低，外资对区域创新提升仍具有显著的促进作用，因此，在未来的发展过程中，该地区可以适当增加外商投资，借助外资投入，推动本地区创新能力提升。就珠三角地区而言，其外资依赖程度较高，导致外商投资会对区域创新产生一定抑制作用，而且，产业结构单一，在受到外界冲击时无法有效地稳定产业发展。

5.4　本章小结

本章运用中国的现实数据，对理论研究部分所梳理的若干经济机理和命题分别进行实证检验，进一步刻画了区域异质性和产业异质性两个空间异质性视角下的中国地区层面工业化升级路径的影响因素。通过系列实证检验和模型的稳健性检验，首先，中国地区层面的产业集聚通过拉大要素收入差距而导致人力资本要素在中国地区层面的配置；其次，地区人力资本要素的累积效应，有利于进一步提升地区产业效率，这一效应存在显著的区域异质性特征；再次，从创新维度的产业升级来看，中国地区层面的产业集聚有利于促进地区产业创新能力提升，实现价值链攀升，且这一效应同样具有显著的区域异质性特征；最后，基于中国两大三角洲地区的工业化比较研究发现，长江三角洲地区和珠江三角洲地区的产业集聚与创新路径存在一定差异，即行业异质性特征显著。

6 数字中国战略与新型工业化实践探索

6.1 国家区域经济发展战略实践

《中华人民共和国国民经济和社会发展第十四个五年规划和2035年远景目标纲要》中明确指出，"十三五"时期中国经济运行总体平稳，经济结构持续优化。"十三五"规划目标任务胜利完成，我国经济实力、科技实力、综合国力和人民生活水平跃上新的大台阶。同时，我国发展不平衡不充分问题仍然突出，重点领域关键环节改革任务仍然艰巨，创新能力不适应高质量发展要求，农业基础还不稳固，城乡区域发展和收入分配差距较大。① 中国未来能否实现经济高质量发展，还需要夯实中国产业基础，提升国家创新能力来不断强化中国制造业在国际产业分工格局中的地位，着力弥补高端产业链的薄弱环节，探索一条适合中国国情的具有中国特色的新型工业化道路。

应当在夯实县域经济产业基础的前提下，通过区域经济板块尤其是城市群之间的功能协同与产业融合发展，以保证中国经济实现高质量发展。近年来，国家层面的区域发展战略顶层设计不断创新，对于有效加

---

① 中华人民共和国国民经济和社会发展第十四个五年规划和2035年远景目标纲要［M］. 北京：人民出版社，2021.

快推动中国东部地区、中部地区、西部地区三大区域经济板块发展发挥
了重要作用。例如，京津冀一体化强调区域城市群之间的功能分工和产
城融合；① 成渝城市群强调通过打造以成都、重庆为主轴线，沿长江和
成德绵乐城市带的"一轴两带"空间格局，构建立足西南、辐射西北、
面向欧亚的全国重要现代产业基地；② 中原城市群则依托区位优势以及
装备制造、智能终端、有色金属、食品、物流等优势产业，打造全国重
要的先进制造业基地和现代服务业基地，成为与长江中游城市群南北呼
应、共同带动中部崛起的核心增长区域和支撑全国经济发展的新空间；③
对于东北老工业基地而言，要实现全面振兴，建设成为全国重要的经济
支撑带，具有国际竞争力的先进装备制造业基地和重大技术装备战略基
地，国家新型原材料基地、现代农业生产基地和重要技术创新与研发
基地。④

　　近年来，区域经济发展卓有成效，有效地支撑了中国区域市场的全
面开放格局，产业价值链生态体系构建日臻完善。正如前文所言，探索
中国特色的新型工业化道路，支撑未来中国经济实现高质量发展的基本
面在县域经济，关键要看区域经济板块，核心是城市群产业发展。在区
域对外开放进程中，中国的东部地区率先参与国际产业分工，依托成本
优势、广阔经济腹地使区域经济快速发展。然而，中部地区和西部地区
不具备东部地区的区位优势和政策优势，且在 20 世纪 90 年代错过了经
济国际化发展机遇，造成了中国区域发展呈现明显的差距。国家开放战
略的实施为中国中部地区、西部地区等内陆地区开创了开放发展的新格

　　① 《京津冀协同发展规划纲要》，见 https：//www. beijing. gov. cn/renwen/bjgk/jjj/ghgy/
202007/t20200723_ 1956512. html。
　　② 《成渝地区双城经济圈建设规划纲要》，见 http：//sc. people. com. cn/n2/2021/1020/
c345509 – 34966166. html。
　　③ 《中原城市群总体发展规划纲要》，见 https：//www. henan. gov. cn/2007/03 – 05/
270848. html。
　　④ 《中共中央 国务院关于全面振兴东北地区等老工业基地的若干意见》，见 https：//
www. gov. cn/gongbao/content/2016/content_ 5070739. htm。

局，弥补了内陆地区参与全球价值链分工体系的短板，充分发挥中部地区、西部地区的产业优势，参与国际分工，对于中部地区、西部地区经济发展而言具有重要的现实意义。中原城市群、成渝城市群能够发挥资源禀赋优势和核心产业优势，充分利用腹地经济的经济辐射作用和经济带动作用，发挥增长极效应，支撑和引领中部地区、西部地区快速发展。

各大区域的城市群规划实施中，应当以城市群内部核心城市和城市梯队为基础，明确城市层级及其功能定位，强化城市之间功能的协同性特征和互补特征。在此基础上，通过发挥城市群区位优势和资源禀赋优势，进一步确定城市群的优势产业和特色产业，着力培育产业链条的上下游环节，弥补产业链条的缺失环节，通过多样化产业的协同集聚发展模式打造较为完整的、具有竞争力水平和创新水平的区域产业生态系统，以进一步有效地嵌入全球价值链体系和国内价值链（NVC）体系，参与国际市场分工和国内市场分工，支撑区域经济实现高质量发展。如长三角城市群和珠三角城市群的高端制造业、生产性服务业、高新技术产业；成渝城市群、中原城市群的先进制造业、战略性新兴产业等的产业发展定位，均是与其区域资源禀赋和优势产业特征相符合的选择。

完整的国民经济产业生态体系由各区域产业板块连接而成，城市群产业体系的构建共同嵌入国民经济产业生态体系之中。价值链的各个环节如何匹配和关联，都需要通过市场机制加以筛选和实现，这就需要城市群之间的产业协调和功能融合。

6.2　国家区域经济发展总体思路与路径选择

中国新型工业化实践探索的一大经验在于，坚持创新在中国现代化建设全局中的核心地位，把科技自立自强作为国家发展的战略支撑，面向世界科技前沿、面向经济主战场、面向国家重大需求、面向人民生命健康，深入实施科教兴国战略、人才强国战略、创新驱动发展战略，完善国家创新体系，加快建设科技强国。坚持把经济发展的着力点放在实体经济上，坚定不移地建设制造强国、质量强国、网络强国、数字中国，推动产业基础高级化、产业链现代化，提高经济运行质量效益和核心竞争力。依托强大国内市场，贯通生产、分配、流通、消费各个环节，打破行业垄断和地方保护，形成国民经济良性循环。立足国内大循环，发挥比较优势，协同推动强大国内市场和贸易强国建设，以国内大循环吸引全球资源要素，充分利用国内国际两个市场、两种资源，积极促进内需和外需、进口和出口、引进外资和对外投资协调发展。

回顾改革开放 40 余年不难看出，面向国外市场，发展国际贸易为中国东部沿海地区的经济腾飞插上了翅膀，而外向型经济虽然可以在一段时期内支撑中国经济快速增长，但这种经济增长模式具有一定风险和劣势。当前，国际社会进入动荡变革期，逆全球化思潮风起云涌，单边主义、贸易保护主义势力不断抬头，要想实现中国未来经济向好，必须摆脱更多依赖国外市场需求的情况，着力开拓国内市场并拉动国内需求。当然，拉动国内需求必须进一步通过产业不断创新和升级，实现供给侧结构性改革，更好地化解区域之间、城乡之间供需不均衡的现实矛盾，有效地实现国内大市场的拓展以及供需力量的匹配。

近年来，国家层面提出了要通过畅通国内大循环，构建促进国内国际"双循环"的新发展格局。构建新发展格局的基本经济学逻辑在于，进一步挖掘和开拓中国国内大市场的强大需求，以有效需求为引导，以创新发展为牵引，不断弥补过去依赖全球价值链分工体系而缺失的有效供给环节，打造国内完整的产业生态体系，逐步摆脱对国际市场的供需依赖，扭转国际市场对于中国产业链高端技术"卡脖子"的被动局面。在合理参与国际市场分工的前提下，进一步形成区域有效需求引导高质量供给，高质量供给推动有效需求升级的区域经济新发展格局。进一步地，为了实现这一新发展格局，中国未来要着力于"依托国内大市场，贯通生产、分配、流通、消费各个环节，打破行业垄断和地方保护，形成国内经济的良性循环。还要优化供给结构，改善供给质量，推动实现上下游、产供销的有效衔接，促进农业、制造业、服务业、能源资源业等产业门类的关系协调。"① 由此可见，供需匹配、产业循环是未来五年中国着力构建国内循环体系的基本经济依据。

建设对外贸易强国需要进一步优化国内市场供需，充分利用国内市场和国际市场的两种资源，提高出口质量，加大优质产品进口，抓住国际市场分工的洗牌机遇期，依靠创新驱动和产业升级不断向世界价值链分工体系的高端攀升，打破对于传统低附加值产业和资源型产业出口的依赖，实现从中国制造到中国智造转型。

县域经济的发展是未来中国进一步发掘国内大市场需求，高质量供给的基本保障。40 余年的改革历程不难看出，中国的城镇化发展与工业化发展相辅相成，开拓国内大市场，一方面，进一步提升城镇居民需求；另一方面，不能忽略农村居民的需求潜力。中国作为一个农业大国，不断发掘农村居民家庭的消费潜力，是关乎未来中国国内大市场开拓的关键环节。发展县域经济，一方面，能够吸纳农村剩余劳动力；另一方面，进一步提升当地的城镇化水平，实现农村人口的就地城镇化，这对于拓展当地市场需求，支撑当地市场的有效供给均具有积极的影响。本章已指出，县域经济的产业现代化发展，应当结合当地的优势资源禀赋条件和产业发展历史积淀，通过走专业化产业集聚的发展道路，形成具备一定规模、具有生产优势的高质量产业集聚区和产业功能区。农村剩余劳动力的就地城镇化能够促进县域经济的产城融合发展，实现该区域市场的供需对接和资源匹配，构成区域经济市场生产、分配、交换、消费到再生产的完整循环。

除此之外，在未来五年甚至更长的一段发展时期，构建"双循环"的新发展格局，还要关注的一个区域经济层面是城市群的构建和产业发

---

① 中华人民共和国国民经济和社会发展第十四个五年规划和 2035 年远景目标纲要，https：//www. gov. cn/xinwen/2021－03/13/content_ 5592681. htm?pc。

展。国家级城市群遍布中国的东部地区、中部地区、西部地区三大区域,如果将县域经济作为基本面,那么,未来城市群发展就可以看作国民经济的增长点或增长极。根据前述章节的理论研究本书提出,未来城市群发展的基本路径应当依赖于各大区域性城市群内部的功能分工和产业融合,走一条多样化产业协同集聚、具备层级功能分工的城市群发展路径。城市群是基于空间相邻和区域间开放通达性(产品、要素、市场等)形成的区域性概念。一般而言,基于城市行政级别,城市群内部具有较为清晰的城市层级体系,这种体系不仅体现为政府行政职能和行政管辖的隶属关系,还体现为城市群内部产业价值链的分工与关联性。一般而言,更高层级的城市产业分工往往具有更高附加值特征(如金融服务、技术研发、信息咨询等生产性服务业),而较低层级的城市产业分工往往具有较低附加值特征(如原材料加工、中间品制造、成品组装等产业环节)。较高层级的城市具备更强的要素吸引力,生产要素集聚程度更高,市场竞争更为激烈,导致区域的要素成本更高,这对于低附加值环节的产业部门具有排斥特征,即这些产业会随着生产成本进一步提高而重新进行区位选择,即向区域周边成本较低的次级城市区域迁移。这种产业的空间选择,更像城市群内部的产业功能重构。理论上,市场选择的结果将使城市群内部产业链各个生产环节的产业部门逐渐演化出功能分工,而城市群内部高度的市场开放特征和要素流动特征,有利于产业部门之间投入产出的生产协作和产业链上下游衔接、延伸,空间相邻的区位特征有利于企业节约生产成本,发挥产业竞争优势。产业竞争优势的不断发挥能够进一步提升产业集聚的向心力,实现对于优质生产要素的吸引,形成相对完整的城市群区域产业生态体系。

以中部地区的河南省为例,中原城市群带动作用明显提升,以郑州为核心的城市辐射带动力显著增强,郑州、洛阳两大都市圈建设加快推进,区域中心城市引领城镇协同区域发展的格局初步形成,制造业三大改造全面实施,装备制造产业、食品制造产业加快跃向万亿级,战略性新兴产业和数字经济加速发展,数字技术及电子信息产业发展初具规模，服务业增加值占比接近50%。科技创新支撑能力快速提升，郑洛新国家自主创新示范区的引领作用不断增强，高新技术企业数量翻了两番，新增4 971家。① 这些城市群的现实发展，都体现了产业融合、功能协同的发展思路。

6.3 本章小结

本章以中国区域层面的新型工业化政策实践为线索，梳理了近10年来中国国家层面和区域层面发展的现实，并与本书第4章进行了理论研究和政策实践的对接，从县域经济层面和城市群层面分析了当下和未来中国构建"双循环"新发展格局的路径选择。在中国总体上步入工业化后期的当下，未来的产业发展路径应当着重于依赖县域经济产业发展的基本面，以县域经济的产城融合和就地城镇化为基础，发掘市场需求潜力并提升有效供给水平，从而构建国内大循环体系；以区域性城市群发展为增长极，打造区域优势产业生态循环体系，打破对于国际分工体系中产业分工的技术依赖，发挥资源优势和产业优势，补足、强化产业链缺失环节和薄弱环节，以数字经济赋能实现城市群内部的产业功能分工和产业融合发展，构建完整的国家产业生态系统，支撑国内大循环体系的良好运转，实现经济高质量发展。

---

① 河南省人民政府关于印发河南省国民经济和社会发展第十四个五年规划和二〇三五年远景目标纲要的通知，见 http://www.henan.gov.cn/2021/04 − 1312124914.html? ivk_ sa = 1023197。

7 主要结论与政策含义

7.1 主要研究结论及政策含义

本章以空间经济学的空间异质性为研究视角切入，从理论层面探讨数字经济引领中国新型工业化路径选择的经济机制，并在此基础上，运用中国区域层面的面板数据对若干理论命题进行实证检验，以构建完整的研究框架，进而回顾"十三五"以来中国区域经济发展的政策实践，对接"双循环"格局下中国区域层面的工业化路径选择和战略选择，梳理并提炼支撑中国经济高质量发展的路径选择，为中国"十四五"时期区域经济高质量发展寻求理论支撑。

首先，本书在 NEG 的理论框架下借鉴 NEG 的研究线索，梳理了产业集聚、新型工业化与经济高质量发展的中外文相关经典文献。在对既有理论研究和实证研究进行归纳综述的基础上，探寻既有研究的切入点、研究方法和主流观点。通过文献梳理本书认为，对于新型工业化的问题，既有文献大多忽视了区域空间异质性特征，理论研究和实证研究往往将其混为一谈。对于中国区域层面的现实而言，NEG 理论框架中的空间异质性是一个被既有研究忽略的新研究视角。

其次，从这一研究视角切入，本书运用现实数据，对中国总体层面和区域层面工业化发展的现实进行了分类描述。尤其是围绕中国东部地区、中部地区、西部地区、东北地区四大区域的工业化发展现实，区域产业特征和发展历程进行了总体梳理和比较研究，还从较为流行的中国南方地区、北方地区视角，进行了中国区域和产业两个层面的对比研究，以期为后续的理论研究及实证分析提供较为扎实的现实基础。

在此基础上，本书尝试性地构建了关于区域开放、数字赋能、产业集聚与新型工业化路径选择的完整理论框架。并通过引入新经济地理学经典模型 B-O 模型，对其进行空间异质性视角的改进，从理论层面刻画了代表性企业具有空间异质性的区位选择机制，并在此基础上细化讨论了产业集聚与区域工业化路径选择的三大模式和八种效应，从区域异质性视角和产业异质性视角出发，本书运用中国区域层面的面板数据针对理论研究的若干线索进行了实证检验，进一步分别印证了产业集聚与要素流动、人力资本积累、产业创新、虚拟集聚的系列经济学命题。基于中国地区层面数据样本的实证分析，本书认为，产业集聚导致的要素报酬提高是收入差距的主要原因之一，而产业集聚带来的如人力资本等生产要素在本地不断积累，又进一步提升了本地的产业效率和产业创新能力。相比于传统产业的空间集聚，数字赋能导致产业集聚的新形态，即虚拟集聚的产生。虚拟集聚借助全新的数字技术及要素禀赋，实现了对传统产业发展的时空限制与业态迭代，是未来支撑中国产业价值链升级的重要途径，也是驱动未来中国区域经济高质量发展的重要引擎。

最后，本书通过回顾中国 10 年来区域经济发展战略实践，将理论研究与政策实践之间进行了衔接，尤其是在当前构建"双循环"新发展格局的总体战略背景下，梳理提出了具有异质性特征的区域产业发展路径选择，即走县域经济视角下的专业化产业集聚模式和区域城市群视角下的多样化产业协同集聚模式的区域产业发展的"二重范式"，以支撑未来中国区域经济高质量发展。

本书研究发现，通过发展专业化特色产业集聚以振兴县域经济，能实现产城融合和就地城镇化，是未来进一步发掘国内大市场需求，强化高质量供给，构建国内大循环系统的重要着力点；与此同时，各区域城市群战略的实践应当着力于实现城市群内部的产业功能分工和融合发展，借助于数字经济技术优势和区位优势强化特色优势产业的上下游衔接，致力于弥补和完善产业链弱势环节与缺失环节，在城市群内部打造优势产业生态循环系统，以数字经济赋能支撑区域经济参与国际分工，实现国内产业生态循环大系统的构建，实现区域经济高质量发展。

7.2　研究展望

针对本书的不足之处，未来研究的进一步开展可以着重以县域经济和区域城市群为研究对象，考虑到区域主体的空间异质性特征和产业异质性特征，运用各种实证研究方法，度量和比较县域经济数字化规模和区域特征，追踪评估县域经济层面数字经济赋能新型工业化发展的效果，以期因地制宜地进一步探究和开展中国区域发展战略的空间特征和绩效评价。

参考文献

［1］安淑新. 促进经济高质量发展的路径研究：一个文献综述［J］. 当代经济管理，2018，40（9）：11 - 17.

［2］包群，唐诗，刘碧. 地方竞争、主导产业雷同与国内产能过剩［J］. 世界经济，2017，40（10）：144 - 169.

［3］蔡武，陈望远. 基于空间视角的城乡收入差距与产业集聚研究［J］. 华东经济管理，2012，26（5）：32 - 36.

［4］蔡武，吴国兵，朱荃. 集聚空间外部性、城乡劳动力流动对收入差距的影响［J］. 产业经济研究，2013（2）：21 - 30.

［5］陈得文，苗建军. 人力资本集聚，空间溢出与区域经济增长——基于空间过滤模型分析［J］. 产业经济研究，2012（4）：54 - 62.

［6］陈健，史修松. 产业关联、行业异质性与生产性服务业发展［J］. 产业经济研究，2008（6）：16 - 22.

［7］陈建军，胡晨光. 产业集聚的集聚效应——以长江三角洲次区域为例的理论和实证分析［J］. 管理世界，2008（6）：68 - 83.

［8］陈菁菁，陈建军. 企业异质性对企业再定位及地区生产率水平的影响——对集聚外部性，空间选择效应和分类效应的细分研究［J］. 西南民族大学学报（人文社会科学版），2017（2）：124 - 134.

［9］陈利华，吴添祖，蔡国军．产业集群与区域竞争力——兼对长三角、珠三角地区的产业集群比较研究［J］．科技进步与对策，2005，22（9）：36－38．

［10］陈柳钦．实现我国新型工业化的制约因素及其路径选择［J］．中国海洋大学学报（社会科学版），2004（6）：190－198．

［11］陈钊．产业集聚的形成机制：一个基于分工的视角［J］．科技信息（学术研究），2007（27）：382，384．

［12］付强．我国外贸依存度问题新探［J］．世界经济研究，2007（3）：44－49，88．

［13］戴翔，张二震．全球价值链分工演进与中国外贸失速之"谜"［J］．经济学家，2016，205（1）：77－84．

［14］邓炜．新型工业化中南京产业发展的战略取向［J］．南京社会科学，2003（S2）：178－181．

［15］董晓芳，袁燕．企业创新、生命周期与聚集经济［J］．经济学（季刊），2014，13（2）：767－792．

［16］杜传忠，王鑫，刘忠京．制造业与生产性服务业耦合协同能提高经济圈竞争力吗？——基于京津冀与长三角两大经济圈的比较［J］．产业经济研究，2013（6）：19－28．

［17］杜伟．人力资本，R&D投资对中国省域技术效率的影响研究［J］．中国科技论坛，2013（6）：128－134．

［18］樊秀峰，康晓琴．陕西省制造业产业集聚度测算及其影响因素实证分析［J］．经济地理，2013，33（9）：115－119，160．

［19］樊瑛．新新贸易理论及其进展［J］．国际经贸探索，2007，23（12）：4－8．

［20］福建省委党校课题组．晋江市产业集聚与新型工业化道路研究［J］．中共福建省委党校学报，2005（1）：53－57．

［21］傅钧文．外贸依存度国际比较与中国外贸的结构型风险分析［J］．世界经济研究，2004（4）：25－30．

［22］国家发展改革委经济研究所课题组．推动经济高质量发展研究［J］．宏观经济研究，2019（2）：5－17，91．

［23］郭楠楠，王疆．产业集聚、产业异质性与跨国并购区位选择——零膨胀负二项回归模型［J］．新疆农垦经济，2019（11）：75－83．

［24］何春霞，向玲凛．重庆市经济增长对城乡居民收入的影响效应分析［J］．南方农业，2018，12（23）：85－86．

［25］何旭波，郑延平．异质型人力资本集聚对地区收入差距的影响研究——来自2001—2011年省级单位的经验数据［J］．经济问题探索，2013（11）：12－19．

［26］洪银兴，陈宝敏．"苏南模式"的新发展：兼与"温州模式"比较［J］．改革，2001（4）：29－34．

［27］胡鞍钢．中国进入后工业化时代［J］．北京交通大学学报（社会科学版），2017（1）：6－21．

［28］胡艳，张桅．人力资本对经济增长贡献度实证研究——基于安徽省和江苏省比较分析［J］．经济经纬，2018（5）：1－7．

［29］黄群慧．论新时期中国实体经济的发展［J］．中国工业经济，2017（9）：5－24．

［30］黄肖琦，柴敏．新经济地理学视角下的FDI区位选择——基于中国省际面板数据的实证分析［J］．管理世界，2006（10）：7－13．

［31］姬军荣．引入知识分散理论的产业集聚动因机制新框架［J］．求索，2013（11）：3．

［32］江洪．"十二五"时期推进中部地区新型工业化的对策研究［J］．中国经贸导刊，2011（1）：48－49．

［33］江静，巫强．工业化进程中的中国产业组织结构优化调整路径研究［J］．南京社会科学，2012（8）：12－18，27．

［34］蒋媛媛，陈雯．论产业集聚与新型工业化道路［J］．中国商人（经济理论研究），2005（9）：12．

［35］金碚.关于"高质量发展"的经济学研究［J］.中国工业经济，2018（4）：5-18.

［36］金祥荣.多种制度变迁方式并存和渐进转换的改革道路——"温州模式"及浙江改革经验［J］.浙江大学学报（人文社会科学版），2000，30（4）：138-145.

［37］景斌强.城市化率、经济增长与城乡收入差距——基于省级面板分析［J］.商业经济研究，2019（5）：175-177.

［38］李丹.美国再工业化战略对我国制造业的多层级影响与对策［J］.国际经贸探索，2013（6）：4-14.

［39］李健旋.长三角与珠三角制造业发展特色比较［J］.现代管理科学，2006（11）：73-75.

［40］李静野.新型工业化视野下产业园区集聚发展问题研究［J］.商业研究，2016（9）：8.

［41］李娜.产业集聚对城乡居民收入差距影响因素分析［J］.创新科技，2016（8）：40-43.

［42］李伟.高质量发展的六大内涵［J］.中国林业产业，2018（1）：50-51.

［43］李薇辉.论人力资本流动全球化趋势及相应对策［J］.上海师范大学学报（哲学社会科学版），2002（4）：20-26.

［44］李仙娥.国内外产业集聚理论研究现状评述［J］.生产力研究，2010（5）：3.

［45］李亚玲，汪戎.人力资本分布结构与区域经济差距——一项基于中国各地区人力资本基尼系数的实证研究［J］.管理世界，2006（12）：42-49.

［46］连玉君.人力资本要素对地区经济增长差异的作用机制——兼论西部人力资本积累策略的选择［J］.财经科学，2003（5）：95-98.

［47］梁晶晶，黄繁华.制造业对生产性服务业产出增长的作用效

果——基于中国投入产出表的实证分析［J］. 上海财经大学学报，2007，9（5）：83 - 90.

［48］梁军. 产业集聚——区域经济发展的新选择［J］. 生产力研究，2005（2）：160 - 162.

［49］梁琦，陈强远，王如玉. 异质性企业区位选择研究评述［J］. 经济学动态，2016（4）：126 - 139.

［50］梁琦，黄利春. 马克思的地域分工理论、产业集聚与城乡协调发展战略［J］. 经济前沿，2009（10）：10 - 14.

［51］梁琦，李晓萍，吕大国. 市场一体化、企业异质性与地区补贴［J］. 中国工业经济，2012（2）：16 - 25.

［52］梁琦，李晓萍，简泽. 异质性企业的空间选择与地区生产率差距研究［J］. 统计研究，2013，30（6）：51 - 57.

［53］刘春蓉. 后发地区新型工业化发展的路径与对策——以广东梅州为例［J］. 改革与战略，2015（5）：6.

［54］刘洪君，朱顺林. 共生理论视角下产业集聚发展的机制与模式——以宁波软件产业为例［J］. 华东经济管理，2010（9）：4.

［55］刘慧，刘卫东. "一带一路"建设与我国区域发展战略的关系研究［J］. 中国科学院院刊，2017，32（4）：340 - 347.

［56］刘江日. 产业集聚演化的理论与实践［J］. 商业时代，2014（35）：128 - 129.

［57］刘军，李廉水，王忠. 产业聚集对区域创新能力的影响及其行业差异［J］. 科研管理，2010，31（6）：191 - 198.

［58］刘力维. 工业大突破 助推经济高质量发展［J］. 当代贵州，2021（12）：46 - 47.

［59］刘胜，李文秀，陈秀英. 生产性服务业与制造业协同集聚对企业创新的影响［J］. 广东财经大学学报，2019，34（3）：43 - 53.

［60］柳卸林，杨博旭. 多元化还是专业化？产业集聚对区域创新绩效的影响机制研究［J］. 中国软科学，2020（9）：141 - 161.

［61］陆治原．产业集聚理论的历史发展与展望［J］．生产力研究，2006（9）：199-200，203.

［62］雒海潮，刘荣增．河南省推进工业化、城镇化和农业现代化"三化"协调发展的对策研究［J］．农业现代化研究，2013，34（6）：664-667.

［63］潘洁云．城市成本与产业集聚最优规模理论研究及展望［J］．商业时代，2014（34）：129-130.

［64］彭向，蒋传海．产业集聚、知识溢出与地区创新——基于中国工业行业的实证检验［J］．经济学（季刊），2011，10（3）：913-934.

［65］蒲红霞．服务业集聚对我国地区收入差距影响研究［J］．现代管理科学，2015（7）：82-84.

［66］齐讴歌，赵勇，王满仓．城市集聚经济微观机制及其超越：从劳动分工到知识分工［J］．中国工业经济，2012（1）：36-45.

［67］任保平，洪银兴．新型工业化道路：中国21世纪工业化发展路径的转型［J］．人文杂志，2004（1）：60-66.

［68］邵敏，武鹏．出口贸易、人力资本与农民工的就业稳定性——兼议我国产业和贸易的升级［J］．管理世界，2019，35（3）：99-113.

［69］沈思远，谢虔．产业集聚对城乡居民收入的影响［J］．合作经济与科技，2015（10）：20-21.

［70］沈思远，谢虔．产业集聚对城乡居民收入的影响文献综述［J］．社会视点，2015（11）：177-178.

［71］史修松．产业集聚及其测度理论研究动态［J］．科技管理研究，2009，29（9）：267-270.

［72］孙久文，张红梅．京津冀一体化中的产业协同发展研究［J］．河北工业大学学报（社会科学版），2014，6（3）：1-7.

［73］孙久文，姚鹏．基于空间异质性视角下的中国区域经济差异研究［J］．上海经济研究，2014（5）：83-92.

[74] 孙祁祥，周新发．科技创新与经济高质量发展［J］．北京大学学报（哲学社会科学版），2020，57（3）：140-149.

[75] 孙正，陈旭东，苏晓燕．地方竞争、产能过剩与财政可持续性［J］．产业经济研究，2019（1）：75-86.

[76] 汤长安，张丽家．产业协同集聚的区域技术创新效应研究——以制造业与生产性服务业为例［J］．湖南师范大学社会科学学报，2020，49（3）：140-148.

[77] 唐志良，刘建江．美国再工业化对我国制造业发展的负面影响研究［J］．国际商务（对外经济贸易大学学报），2012（2）：12-20.

[78] 童洁，张旭梅，但斌．制造业与生产性服务业融合发展的模式与策略研究［J］．软科学，2010，24（2）：75-78.

[79] 王春晖．区域异质性、产业集聚与创新——基于区域面板数据的实证研究［J］．浙江社会科学，2017（11）：34-41，156.

[80] 王春晖．区域异质性、产业集聚与人力资本积累：中国区域面板数据的实证［J］．经济经纬，2019，36（1）：87-94.

[81] 王弟海，龚六堂．经济发展过程中的人力资本分布与工资不平等［J］．世界经济，2009（8）：86-82.

[82] 王红领，李稻葵，冯俊新．FDI与自主研发：基于行业数据的经验研究［J］．经济研究，2006（2）：44-56.

[83] 王检贵．中国外贸依存度过高了吗？［J］．财贸经济，2004（7）：68-70.

[84] 魏敏，李书昊．新时代中国经济高质量发展水平的测度研究［J］．数量经济技术经济研究，2018，35（11）：3-20.

[85] 武力．中国工业化路径转换的历史分析［J］．中国经济史研究，2005（4）：49-58.

[86] 肖卫东．产业地理集聚理论演进：分工——空间外部性视角［J］．云南财经大学学报，2013，29（6）：3-11.

[87] 星梅，攀登．发挥产业集聚效应走新型工业化道路［J］．攀

登：哲学社会科学版，2004（3）：3.

[88] 徐凯，彭芳. 人力资本集聚对区域经济增长影响分析——基于 2007 年各省的经验分析 [J]. 现代商贸工业，2009（21）：75 – 76.

[89] 徐康宁. 产业集聚形成的两种主要模式 [J]. 领导决策信息，2003（17）：13.

[90] 徐敏，张小林，田家乐. 金融集聚对城乡居民收入差距的影响——基于空间面板数据的实证分析 [J]. 西部金融，2015（8）：4 – 11.

[91] 严含，葛伟民. "产业集群群"：产业集群理论的进阶 [J]. 上海经济研究，2017（5）：34 – 43.

[92] 杨伟民. 贯彻中央经济工作会议精神 推动高质量发展 [J]. 宏观经济管理，2018（2）：13 – 17.

[93] 袁晓玲，李彩娟，李朝鹏. 中国经济高质量发展研究现状、困惑与展望 [J]. 西安交通大学学报（社会科学版），2019，39（6）：30 – 38.

[94] 张军扩. 加快形成推动高质量发展的制度环境 [J]. 中国发展观察，2018（1）：5 – 8.

[95] 赵剑波，史丹，邓洲. 高质量发展的内涵研究 [J]. 经济与管理研究，2019，40（11）：15 – 31.

[96] 肖周燕. 中国高质量发展的动因分析——基于经济和社会发展视角 [J]. 软科学，2019，33（4）：1 – 5.

[97] 杨莉莉，邵帅. 人力资本流动与资源诅咒效应：如何实现资源型区域的可持续增长 [J]. 财经研究，2014（11）：44 – 60.

[98] 姚战琪. 产业集聚对我国区域创新影响的门槛效应研究 [J]. 学术论坛，2020，43（3）：72 – 81.

[99] 叶炜，林善浪. 高速公路的发展是否促进了地区制造业产业集聚——基于中国高速公路网与制造业微观企业数据的实证研究 [J]. 经济经纬，2017（7）：8 – 12.

[100] 于淼，朱方伟．创新集聚能力对创新集聚绩效的作用机制研究 [J]．科学学研究，2015，33（6）：924－933.

[101] 俞彤晖．流通产业集聚水平对城乡收入差距影响的实证研究——基于省际动态面板数据的系统 GMM 分析 [J]．经济纵横，2018（8）：106－113.

[102] 宗颖，刘敏楼．我国制造业的发展与新型工业化道路 [J]．江苏商论，2006（11）：3.

[103] 张萃．产业集聚与创新：命题梳理与微观机制分析 [J]．科学管理研究，2010，28（3）：1－4.

[104] 张萃．制造业区域集聚与技术创新：基于负二项模型的实证分析 [J]．数理统计与管理，2012，31（1）：105－111.

[105] 张萃，赵伟．产业区域集聚研究：新经济地理学的理论模型和实证命题 [J]．人文地理，2011，26（4）：23－28，6.

[106] 张萃，赵伟．中国区域经济"二重开放"与制造业区域集聚 [J]．当代财经，2009（2）：76－81.

[107] 张浩然．生产性服务业集聚与城市经济绩效——基于行业和地区异质性视角的分析 [J]．财经研究，2015（5）：67－77.

[108] 张辉，刘鹏，于涛，等．金融空间分布、异质性与产业布局 [J]．中国工业经济，2016（12）：40－57.

[109] 张军扩，侯永志，刘培林，等．高质量发展的目标要求和战略路径 [J]．管理世界，2019，35（7）：1－7.

[110] 张可．不同产业集聚对区域创新的影响及其空间溢出效应 [J]．西安交通大学学报（社会科学版），2019，39（2）：12－19.

[111] 张廷海，王点．工业集聚、空间溢出效应与地区增长差异——基于空间杜宾模型的实证分析 [J]．经济经纬，2017（1）：86－91.

[112] 张晔．"苏州模式"的反思及区域发展道路的选择 [J]．上海经济研究，2007（5）：35－41.

［113］赵君丽，吴建环．新新贸易理论评述［J］．经济学动态，2008（6）：96-101.

［114］张文君．产业集聚的外部性与企业融资行为［J］．上海经济研究，2012，24（6）：15-22.

［115］赵青霞，夏传信，施建军．科技人才集聚、产业集聚和区域创新能力——基于京津冀、长三角、珠三角地区的实证分析［J］．科技管理研究，2019，39（24）：54-62.

［116］赵婷婷，许梦博．产业集聚影响区域创新的机制与效应——基于中国省级面板数据的实证检验［J］．科学管理研究，2020，38（1）：83-88.

［117］赵伟．产业异质性与中国环境拐点：一个空间经济学分析框架［J］．社会科学战线，2017（3）：32-41.

［117］赵伟．从国际化到区际化抑或从区际化到国际化——中国两大三角洲经济转型中的开放路径比较［J］．浙江社会科学，2002（2）：54-60.

［119］赵伟．温州模式：作为区域工业化范式的一种理解［J］．社会科学战线，2002（1）：15-22.

［120］赵伟．中国区域经济开放：多层次多视点的考察［J］．社会科学战线，2006（6）：57-63.

［121］赵伟，隋月红．集聚类型、劳动力市场特征与工资—生产率差异［J］．经济研究，2015（6）：33-58.

［122］赵伟，王春晖．区域开放与产业集聚：一个基于交易费用视角的模型［J］．国际贸易问题，2013（7）：38-49.

［123］赵伟，张萃．FDI与中国制造业区域集聚：基于20个行业的实证分析［J］．经济研究，2007（11）：82-90.

［124］赵勇，白永秀．知识溢出：一个文献综述［J］．经济研究，2009，44（1）：144-156.

［125］郑吉昌，夏晴．服务业与城市化互动关系研究——兼论浙江

城市化发展及区域竞争力的提高 ［J］．经济学动态，2004（12）：49－52．

［126］周黎安．官员晋升锦标赛与竞争冲动 ［J］．人民论坛，2010（15）：26－27．

［127］周黎安，陶婧．官员晋升竞争与边界效应：以省区交界地带的经济发展为例 ［J］．金融研究，2011（3）：15－26．

［128］邓永波．京津冀产业集聚与区域经济协调发展研究 ［D］．北京：中共中央党校，2017.7．

［129］丁嵩．在经济集聚中兼顾效率与平衡：基于中国数据的经验研究 ［D］．上海：华东师范大学，2017.5．

［130］金晓慧．生产性服务业集聚与地区工资差异——基于中国城市空间面板数据的实证分析 ［D］．南京：南京师范大学，2017.5．

［131］李玉祥．产业集聚对劳动力收入的影响研究——基于中国家庭收入调查数据 ［D］．南京：南京大学，2017.5．

［132］刘博宇．金融集聚、经济增长与城乡居民收入差异的空间统计分析——基于十大城市群数据 ［D］．南昌：南昌大学，2017.5．

［133］刘苗妙．金融集聚对城乡收入差距的影响研究 ［D］．湘潭：湖南科技大学，2017.5．

［134］刘智勇．地方政府竞争与产能过剩 ［D］．厦门：厦门大学，2018．

［135］罗媛．产业集聚、城镇化和城乡收入差距 ［D］．苏州：苏州大学，2018.5．

［136］岐亚光．功能分工视角下的大都市圈发展：机理与实证 ［D］．杭州：浙江大学，2016．

［137］单丹．地方政府竞争与产能过剩的理论与实证分析 ［D］．杭州：浙江大学，2014．

［138］石青仪．服务业集聚对城乡收入差距的影响研究 ［D］．广州：暨南大学，2018．

参考文献

［139］孙学梁．经济集聚与城乡居民收入差距：作用机制与实证分析［D］．成都：西南财经大学，2017.

［140］王丹．金融集聚对区域收入差距的空间效应研究［D］．北京：北京交通大学，2016.

［141］游娴静．基于农业产业集聚视角下农民增收问题研究——以福建省11个农村固定观察点为例［D］．福州：福建农林大学，2017.

［142］赵粲．生产性服务业集聚对中国区域经济差距的影响研究［D］．蚌埠：安徽财经大学，2017.

［143］赵晓霞．对外贸易、FDI与中国城乡居民收入变化：理论分析与实证研究［D］．杭州：浙江大学，2009.

［144］郑雯雯．生产性服务业与制造业协同集聚：贸易成本视野的分析与实证［D］．杭州：浙江大学，2012.

［145］周玉琪．长江经济带高技术产业集聚对技术创新效率的影响研究［D］．重庆：重庆工商大学，2017.

［146］朱志远．产业集聚对地区间劳动力收入差距的影响研究——以江苏省工业为例［D］．扬州：扬州大学，2018.5.

［147］胡敏．高质量发展要有高质量考评［N］．中国经济时报，2018‐01‐18（5）.

［148］刘迎秋．四大对策应对高质量发展四大挑战［N］．中华工商时报，2018‐01‐23（3）.

［149］杨桦．主攻"四化同步"推动县域经济高质量发展［N］．贵州日报，2021‐01‐13（9）.

［150］赵昌文．推动我国经济实现高质量发展［N］．学习时报，2017‐12‐25（1）.

［151］马歇尔．朱志泰，译．经济学原理［M］．北京：商务印书馆，2014.

［152］熊彼特．贾拥民，译．经济发展理论［M］．北京：中国人民大学出版社，2019.

［153］徐康宁．产业集聚形成的源泉［M］．北京：人民出版社，2006.

［154］王春晖．产业集聚与区域经济发展：理论与实践［M］．北京：社会科学文献出版社，2016年12月版．

［155］赵伟．中国区域经济开放：模式与趋势［M］．北京：经济科学出版社，2005.

［156］中华人民共和国国民经济和社会发展第十四个五年（2021—2025年）规划和2035年远景目标纲要［M］．北京：人民出版社，2021.

［157］朱婕．数字赋能视阈下创新要素配置促进制造业质量提升的机制研究［D］．南昌：江西财经大学，2022.

［158］郭丰，杨上广，金环．数字经济对企业全要素生产率的影响及其作用机制［J］．现代财经（天津财经大学学报），2022，42（9）：20－36.

［159］潘启东，孙小婷，张永恒．数字经济对中国产业高质量发展的影响效应及传导机制研究［J］．河南理工大学学报（社会科学版），2022，23（5）：8.

［160］张英浩，汪明峰，刘婷婷．数字经济对中国经济高质量发展的空间效应与影响路径［J］．地理研究，2022，41（7）：19.

［161］李娟，刘爱峰．数字经济驱动中国经济高质量发展的逻辑机理与实现路径［J］．新疆社会科学，2022，（3）：47－56.

［162］王如玉，梁琦．数字经济下虚拟集聚的现实基础与应用［J］．长安大学学报（社会科学版），2022，24（4）：34－52.

［163］段博．虚拟集聚与制造业转型升级：理论与实证研究［D］．兰州：兰州财经大学，2020.

［164］王玉珍，沈明，邓炜，等．调整南京工业结构的政策取向［J］．改革与开放，2003（12）：39.

［165］徐维祥，唐根年，陈秀君．产业集群与工业化、城镇化互动发展模式研究［J］．经济地理，2005（6）：5.

［166］雒海潮，刘荣增．河南省推进工业化、城镇化和农业现代化"三化"协调发展的对策研究［J］．农业现代化研究，2013（6）：4.

［167］任保平，李佩．以新经济驱动我国经济高质量发展的路径选择［J］．陕西师范大学学报（哲学社会科学版），2020，49（2）：113 - 124.

［168］刘文慧，陈琦，周会玲．中国数字经济发展与产业结构升级［J］．华北理工大学学报（社会科学版），2022，22（3）：26 - 34.

［169］王泽强．产业集群发展中地方政府的角色定位［J］．技术经济，2007，26（1）：4.

［170］卢巧玲．产业集群升级中的地方政府行为研究［J］．学术交流，2009（2）：5.

［171］韩文龙，黄城，谢璐．诱导性投资、被迫式竞争与产能过剩［J］．社会科学研究，2016（4）：9.

［172］Alcacer J. , Chung W. , Location strategies for agglomeration economies［J］. Strategic Management Journal, 2013, 35（12）：1749 - 1761.

［173］Arnott R. , Kraus M. When are anonymous congestion charges consistent with marginal cost pricing［J］. Journal of Public Economics, 1998（1）：45 - 64.

［174］Audretsch D. B. , Feldman M. P. , R&D spillovers and the geography of innovation and production［J］. The American economic review, 1996：630 - 640.

［175］Baldwin R. E. , Okubo T. Heterogeneous firms, agglomeration and economic geography：spatial selection and sorting［J］. Journal of Economic Geography, 2006, 6（3）：323 - 346.

［176］Baptista R. , Swann P. Do firms in clusters innovate more?［J］. Research policy, 1998, 27（5）：525 - 540.

［177］Berliant M. , Fujita M. Culture and diversity in knowledge creation［J］. Regional Science and Urban Economics, 2012, 42（4）：648 - 662.

［178］ Berliant M. , Fujita M. Dynamics of knowledge creation and transfer：The two person case ［J］. International Journal of Economic Theory, 2009, 5 (2)：155 – 179.

［179］ Berliant M. , Fujita M. The dynamics of knowledge diversity and economic growth ［J］. Southern Economic Journal, 2011, 77 (4)：856 – 884.

［180］ Berliant M. , Reed R. R. , Wang P. Knowledge exchange, matching, and agglomeration ［J］. Journal of Urban Economics, 2006, 60 (1)：69 – 95.

［181］ Bernard A. B. , Eaton J. , Jensen J. B. , et al. Plants and productivity in international trade ［J］. The American Economic Review, 2003, 93 (4)：1268 – 1290.

［182］ Bernard A. B. , Wagner J. Export entry and exit by German firms ［J］. Review of World Economics, 2001, 137 (1)：105 – 123.

［183］ Berry R. , Glaeser L. The divergence of human capital levels across cities ［J］. Papers in regional science, 2005, 84 (3)：407 – 444.

［184］ Brakman S. , Garretsen H. , Marrewijk C. V. An Introduction to Geographical Economics ［M］. NewYork VS：Cambridge Vniversity Press, 2001.

［185］ Brülhart M. , Sbergami F. Agglomeration and growth：Cross-country evidence ［J］. Journal of Urban Economics, 2008 (1)：48 – 63.

［186］ Cabral L. , Mata J. On the evolution of the firm size distribution：Facts and theory ［J］. The American Economic Review, 2003, 93 (4)：1075 – 1090.

［187］ Cole M. , Elliott R. , Virakul S. Firm heterogeneity and export participation：A new asian tiger perspective ［J］. University of Nottingham Research Paper, 2008 (13)：157 – 178.

［188］ Das S. , Roberts M. J. , Tybout J. R. Market entry costs, producer heterogeneity, and export dynamics ［J］. Econometrica, 2007, 75

(3): 837 – 873.

[189] Combes P. , Duranton G. , Gobillion L. , et al. The productivity advantages of large cities: Distinguishing agglomeration from firm selection [J]. Econometrica, 2012, 80 (6): 2543 – 2594.

[190] Ellison G. , Glaeser E. L. The geographic concentration of industry: does natural advantage explain agglomeration? [J]. The American Economic Review, 1999, 89 (2): 311 – 316.

[191] Feldman M. P. , Audretsch D. B. Innovation in cities: Science-based diversity, specialization and localized competition [J]. European economic review, 1999, 43 (2): 409 – 429.

[192] Fitzgerald D. , Llak C. Specialization, factor accumulation and development [J]. Journal of International Economics, 2004, 64 (2): 277 – 302.

[193] Forslid R. Agglomeration with human and physical capital: An analytically solvable case [M]. London: Centre for Economic Policy Research, 1999.

[194] Forslid R. , Okubo T. On the development strategy of countries of intermediate size—An analysis of heterogeneous firms in a multi-region framework [J]. European Economic Review, 2012, 56 (4): 747 – 756.

[195] Fujita M. , Krugman P. R. , Venables A. J. , et al. The spatial economy: cities, regions and international trade [M]. Cambridge, MA: MIT press, 1999.

[196] Fujita M. , Thisse F. Economics of Agglomeration [J]. Cepr Discussion Papers, 1996, 10 (4): 339 – 378.

[197] Guimaraes P. , Figueiredo O. , Woodward D. Agglomeration and the location of foreign direct investment in Portugal [J]. Journal of Urban Economics, 2000, 47 (1): 115 – 135.

[198] Hatten K. J. , Schendel D. E. Heterogeneity within an Industry:

Firm Conduct in the US brewing industry [J], Journal of Indus-trial Economy, 1977, 26 (2): 97 –113.

[199] Helpman E. Topics in public economics: Theoretical and applied analysis [J]. The Size of Regions, 1998: 33 –54.

[200] Henderson J. V. The sizes and types of cities [J]. The American Economist. 1974, 64 (4): 640 –656.

[201] Holmes T. J., Stevens J. J. Geographic concentration and establishment scale [J]. Review of Economics and Statistics, 2002, 84 (4): 682 –690.

[202] Krugman P. Geography and trade [M]. Cambridge MA: MIT Press, 1991.

[203] Krugman P. Increasing returns and economic geography [J]. Journal of Political Economy, 1991, 99: 483 –499.

[204] Marshall J. N., Damesick P., Wood P. Understanding the location and role of producer services in the United Kingdom [J]. Environment & Planning A, 1987, 19 (5): 575 –595.

[205] Melitz M. J. The impact of trade on intra-industry reallocations and aggregate industry productivity [J]. Econometrica, 2003, 71 (6): 1695 –1725.

[206] Melitz M. J., Ottaviano G. I. P. Market size, trade, and productivity [J]. The review of economic studies, 2008, 75 (1): 295 –316.

[207] Okubo T., Tomiura E. Productivity distribution, firm heterogeneity, and agglomeration: Evidence from firm-level data [J]. Rjeti Discussion Paper, 2010 (1001): 7.

[208] Okubo T., Tomiura E. Size Matters: Multi-plant operation and the separation of corporate headquarters [R]. Rieti Discussion Paper, 2011.

[209] Ottaviano G. I. P., Peri G. The economic value of cultural diversity: evidence from US cities [J]. Journal of Economic geography, 2006, 6

(1): 9 –44.

[210] Ritsila J. , Ovaskainen M. Migration and regional centralization of human capital [J]. Applied Economics, 2001, 33 (3): 317 –325.

[211] Roberts M. J. , Tybout J. R. The decision to export in Colombia: an empirical model of entry with sunk costs [J]. The American Economic Review, 1997: 545 –564.

[212] Rotemberg J. , Saloner G. Competition and human capital accumulation: A theory of interregional specialization and trade [J]. Regional Science and Urban Economics, 2000, 30 (4): 373 –404.

[213] Simon J. Human capital and metropolitan employment growth [J]. Journal of Urban Economics, 1998, 43 (2): 223 –243.

[214] Sultan S. S. , Dijk M. P. Palestinian clusters: From agglomeration to innovation [J]. European Scientific Journal, 2017 (13): 323 –336.

[215] Syverson C. Market structure and productivity: A concrete example [J]. Journal of Political Economy, 2004, 112 (6): 1181 –1222.

后 记

　　春华秋实，年近不惑。掐指算来，自获得博士学位，站上河南财经政法大学的讲台已满八载。八年来，我从一个热血青年教师蜕变为中青年教师，想来唯一不变的仍是对大学讲台的挚爱和对图书馆四溢书香的痴迷。时常记起求学时导师的谆谆告诫，"学术之路枯燥，务必耐得住寂寞"。这八年来，我曾公派远赴重洋领略北美高等教育思想与实践，也多与国内各高校学友广泛交流，越发体会到社会主义高等教育"立德树人"根本任务之要义：因为实现党的第二个百年奋斗目标和伟大中国梦，势必依赖于教育和人才。

　　作为一名大学教师，践行"立德树人"的根本任务，势必要在站稳讲台的基础上把学问做扎实，既能够带领同学们学习教科书上的"老"知识，也要能启迪同学们去学习和探索科研论文上的"新"发现。当然，这就需要老师不断学习学科领域前沿，持续开展科学研究。近年来，本人不间断地开展了若干项国家级、省部级科研项目，本书是近两年学术探索的成果之一。在此，要感谢本人所在单位河南财经政法大学经济学院的大力支持，在学院领导的亲切关怀和同事们的热心帮助下，本书才能最终付梓。本研究的开展以及最终成果的顺利出版得到了河南财经政法大学华贸金融研究院 2021 年度项目"高质量发展视域下中国制造业动能转换机制与转型升级路径研究"的支持，在此一并表示感谢！

　　当然，最需要感谢的是我的家人，尤其是我的妻女：张梦冉女士和王含章小朋友。你们在我艰辛的科研之路上给予了我家庭的温暖与生活的快乐，不断激发我继续探索的勇气与力量。在此，向你们的包容与付出表示感谢！

　　谨以此书，献给我的家人。

　　愿椿萱并茂，棠棣同馨。

王春晖
于河南郑州 龙子湖畔
2023 年暮春